es 1252

edition suhrkamp
Neue Folge Band 252

Neue Historische Bibliothek
Herausgegeben von Hans-Ulrich Wehler

Die Französische Revolution von 1789 brachte mit ihren Auswirkungen, vor allem den napoleonischen Kriegen, auch für Deutschland das Ende des Ancien Régime. In einer Mischung von äußerem Einfluß und eigenständigen Reformimpulsen wurden die Grundlagen der modernen Gesellschaft gelegt. Der deutsche Verwaltungsstaat bildete sich heraus, und in den Mittelstaaten schlossen frühkonstitutionelle Verfassungen das Reformwerk ab. Österreich und Preußen versagten sich jedoch dem Verfassungsgedanken und machten den Deutschen Bund zu einem Werkzeug der Repression gegen alle politischen Emanzipationsbestrebungen. Im Prozeß gesamtgesellschaftlicher Modernisierung fiel Deutschland im Vergleich zu den westeuropäischen Nachbarstaaten noch weiter zurück. Eine Periode wirtschaftlicher Stagnation verzögerte die industrielle Entwicklung, und ein überaus starkes Bevölkerungswachstum führte bei unzureichenden Beschäftigungsmöglichkeiten zu fortschreitender Verelendung breiter Bevölkerungsschichten. Die mannigfachen Krisenerscheinungen des ausgehenden Vormärz entluden sich schließlich in der Revolution von 1848.

Manfred Botzenhart ist Professor für Neuere und Neueste Geschichte an der Universität Münster.

Manfred Botzenhart
Reform, Restauration, Krise

Deutschland 1789-1847

Suhrkamp

edition suhrkamp 1252
Neue Folge Band 252
Erste Auflage 1985
© Suhrkamp Verlag Frankfurt am Main 1985
Erstausgabe

Alle Rechte vorbehalten, insbesondere das der Übersetzung,
des öffentlichen Vortrags
sowie der Übertragung durch Rundfunk und Fernsehen,
auch einzelner Teile.

Satz: Glücker, Würzburg
Druck: Nomos Verlagsgesellschaft, Baden-Baden
Umschlagentwurf: Willy Fleckhaus
Printed in Germany

2 3 4 5 6 - 90 89

Inhalt

Vorwort

Die Epoche deutscher Geschichte, die in diesem Überblick
dargestellt wird, teilt sich in zwei sehr unterschiedliche
Perioden: in eine des Krieges, der politischen Umwälzungen, der Auflösung des Ancien Régime, der Versuche,
einen neuen Staat und eine neue Gesellschaft zu formen –
und in eine des Friedens, der Stabilität, der wirtschaftlichen
Stagnation und der politischen Repression. Die Einheit
dieser Epoche liegt darin, daß sie die Inkubationszeit der
modernen Industriegesellschaft in Deutschland gewesen
ist. Zwar zogen schon an ihrem Beginn mit den ersten
Dampf- und Textilmaschinen die Vorboten der Industriellen Revolution in Deutschland ein, doch es blieb von der
Agrarwirtschaft geprägt und erlebte in den Jahren 1845/47
noch einmal eine große Wirtschafts- und Hungerkrise
»alten Typs«. Gleichzeitig hatte mit dem Eisenbahnbau
und den von ihm ausgehenden Impulsen bereits jene
sprunghafte Entwicklung eingesetzt, die das Deutsche
Reich drei Jahrzehnte später zur führenden Industrie-
macht Europas aufsteigen ließ. Der Versuch, den bei der
europäischen Neuordnung von 1814/15 festgeschriebenen
politischen und sozialen Entwicklungsstand zu konservieren und die politische Emanzipation des aufsteigenden
Bürgertums mit den Mitteln des Polizeistaats zu verhindern, – die Unfähigkeit des Verwaltungsstaates, die aus
dem Mißverhältnis von rasantem Bevölkerungswachstum
und wirtschaftlicher Stagnation erwachsenden sozialen
Probleme zu lösen –, die Weigerung Österreichs und Preußens, den Deutschen Bund zu einer dem Nationalstaatsgedanken entgegenkommenden Form politischer Einheit
Deutschlands weiterzuentwickeln: all das führte schließlich zu einer gesamtgesellschaftlichen Krise, die sich in der
Revolution von 1848 entlud. Als diese Revolution schei-

terte und keine fundamentale Umgestaltung der in der Restauration seit 1815 entstandenen staatlichen und gesellschaftlichen Strukturen Deutschlands brachte, war gleichzeitig entschieden, daß das deutsche Volk in der Epoche des bürgerlichen Nationalstaates, des Imperialismus und der Industriegesellschaft einen anderen Weg gehen würde als die benachbarten Nationen Westeuropas. Das Widerspiel der bewegenden und der beharrenden Kräfte in den Ereignissen eines halben Jahrhunderts deutscher Geschichte zu verfolgen ist Inhalt der folgenden Darstellung.

I. Europäische Machtpolitik zwischen Gleichgewicht und Hegemonie

1. Das europäische Staatensystem am Vorabend der Revolution

Als das revolutionäre Frankreich im Frühjahr 1792 zur Offensive gegen die Mächte des alten Europa überging, begannen die Kriege, die für mehr als 20 Jahre das Leben der Völker bestimmen sollten. Wie war in diesem Augenblick das Verhältnis der europäischen Staaten zueinander?

Preußen hatte im Siebenjährigen Krieg die Eroberungen der Schlesischen Kriege gegen Österreich behauptet und sich damit endgültig als kleinstes und schwächstes Mitglied im Kreis der europäischen Großmächte etabliert. Verwüstet, ausgeblutet und wirtschaftlich ruiniert, hatte Preußen danach eine auf Sicherung des Status quo ausgerichtete Außenpolitik verfolgt, sich aber auch nicht gescheut, zusammen mit Österreich und Rußland im Jahre 1772 die Zerstückelung Polens einzuleiten, die 1795 mit der endgültigen Vernichtung der Adelsrepublik endete: der Auftakt zu jener skrupellosen Machtpolitik der Großen auf Kosten der Kleinen, die in den folgenden Jahrzehnten den Stil der europäischen Politik prägen sollte.

Die außenpolitische Ruhe in Mitteleuropa wurde in dieser Zeit vor allem durch Österreich in Frage gestellt. Kaiser Joseph II. verfolgte mit großer Hartnäckigkeit den Plan, Österreich durch den Erwerb Bayerns in das Reich hinein zu arrondieren, da das Haus Wittelsbach in Bayern vor dem Erlöschen stand und die erbberechtigte Linie Pfalz-Zweibrücken nicht unbedingt abgeneigt war, ihre Erbansprüche durch Geldzahlungen oder durch Tausch gegen die habsburgischen Niederlande abfinden zu lassen. Pläne zu einer derartigen Machtverschiebung im Raum des deutschen Reiches mußten vor allem den Widerstand Preußens herausfordern; sie führten 1778/79 zum Bayerischen Erbfolgekrieg. Anders als in den Schlesischen Kriegen und im Siebenjährigen Krieg bewahrten die europäischen Großmächte diesmal eine Haltung abwartender Neutralität. Der große weltpolitische Gegensatz zwischen England und Frankreich schlug nicht auf den Kontinent zurück; das trug entscheidend dazu bei, daß der »Kartoffelkrieg« sich in Truppenbewegungen ohne ernsthafte militärische Zusammenstöße erschöpfte und schließlich unter französischer und russischer Vermittlung im Frieden von Teschen 1779 beigelegt wurde. Österreich mußte sich mit einem kleinen Territorialgewinn begnügen. Das »Konzert« der europäischen Mächte hatte sich noch einmal in seinen friedenssichernden Möglichkeiten bewährt. Als Garant des Friedens von Teschen bekam die expandierende Großmacht Rußland erstmals ein förmliches Mitspracherecht in deutschen Angelegenheiten.

Die Rivalität zwischen Österreich und Preußen blieb aber auch weiterhin eine latente Bedrohung des europäischen Friedens. Die immer wieder erkennbare Absicht des Kaisers, auf dem Boden des Reiches habsburgische Hausmachtpolitik zu betreiben, löste in den Kreisen der kleineren Reichsstände zunehmende Unruhe aus. Eine große Zahl von ihnen schloß sich 1785 unter preußischer Protektion zum Zweck der Aufrechterhaltung der Reichsverfassung im Deutschen Fürstenbund zusammen. Die auch von der Publizistik jener Jahre genährte Hoffnung, der Fürstenbund könne den mannigfach umlaufenden Plänen zur Reichsreform Gestalt geben und zum Keim für eine allgemeine Regeneration des »Heiligen Römischen Reiches deutscher Nation« werden, sollte sich jedoch nicht erfüllen.

Das Reich war zu einem fast archaisch anmutenden Relikt des alten Europa geworden, eine nach außen machtlose, im Innern jeder Staatlichkeit entbehrende, korporativ strukturierte Rechts- und Friedensordnung in einer Epoche des aufsteigenden Nationalstaates. Es bildete aber immer noch den gelegentlich schon wieder als vorbildlich interpretierten Rahmen für ein gewaltfreies Zusammenleben großer und kleiner Staaten und Territorien, Städte und Standschaften. Mit den in der Reichsverfassung angelegten Garantien für kleinräumige geistliche und weltliche Landesherrschaft, ständisches Recht und korporatives Privileg war das Reich ein konservativer Gegenpol für jede zeitgemäße Reformpolitik in der Welt der Kleinstaaten, ungeachtet der Tatsache, daß in vielen kleinen Territorien für die Wohlfahrt der Untertanen und die Pflege der Kultur mehr getan wurde als in den machtpolitisch ambitionierten größeren Staaten. Als man 1790 und 1792 in Frankfurt noch einmal die Wahl und die Krönung eines deutschen Kaisers feierte, waren das die letzten Feste in einem bis auf die Grundmauern erschütterten Haus, das die Stürme der Revolutionszeit nicht überdauern konnte.

Daß Joseph II. nach dem Frieden von Teschen seine offensive Reichspolitik nicht aufgegeben hatte, lag daran, daß Rußland sich inzwischen von Preußen abgewandt hatte, mit dem es seit dem plötzlichen Ausscheiden aus dem Siebenjährigen Krieg, dem »Mirakel des Hauses Brandenburg«, in einem lockeren Bündnis gestanden hatte. Unter der Herrschaft der seit 1762 regierenden Zarin Katharina d. Gr. war Rußland in eine Phase stürmischer Expansion eingetreten, die sich im Westen vor allem gegen Polen, im Süden aber gegen das Osmanische Reich richtete, das damals noch die ganze Nordküste des Schwarzen Meeres mit den daran angrenzenden Gebieten Südrußlands unter seiner Oberhoheit hatte. Erst im russisch-türkischen Krieg der Jahre 1768 bis 1774 gewann Rußland an der Dnjepr-Mündung einen direkten Zugang zum Schwarzen Meer, zugleich das Recht zur Durchfahrt durch die Meerengen und ein Interventionsrecht zugunsten der griechisch-orthodoxen Christen im Balkanraum. Ähnlich wie Polen und die staatlich nicht konsolidierten deutschen

Territorien wurde jetzt das Osmanische Reich zum Objekt zahlreicher Teilungspläne der europäischen Diplomatie und zum Kampfplatz der Machtinteressen der Staaten, wobei die angrenzenden Großmächte Österreich und Rußland im Grunde bis zum Jahr 1914 in einer Mischung von Komplizenschaft und Rivalität in der vordersten Front standen. Vor diesem Hintergrund kam um das Jahr 1780 eine Annäherung zwischen Rußland und Österreich zustande. 1783 zwangen die beiden Mächte die Türkei zur Abtretung der Krim an Rußland. Preußen aber war weitgehend isoliert, obwohl es sich 1780 dem von Rußland inaugurierten Bündnis der »bewaffneten Seeneutralität« angeschlossen hatte, das sich gegen die englische Praxis der Seekriegsführung gegenüber Handelsschiffen neutraler Mächte während des Unabhängigkeitskrieges der Vereinigten Staaten von Nordamerika richtete. Die Hoffnung Josephs II., doch noch mit russischer Rückendeckung das bayerisch-niederländische Tauschprojekt verwirklichen zu können, ging allerdings nicht in Erfüllung.

Österreich wurde vielmehr im Jahre 1788 in einen neuen Türkenkrieg verwickelt, der zunächst schwere Rückschläge brachte, die österreichische Armee auf Jahre hinaus schwächte und überdies einen Angriff Schwedens auf Rußland auslöste. Preußen schloß im selben Jahr unter Abwendung von der »bewaffneten Seeneutralität« ein Bündnis mit England und Holland, 1790 auch mit Polen und der Türkei, und es unterstützte mehr oder weniger offen die ständischen Revolten, welche die Reformpolitik Josephs II. in den habsburgischen Niederlanden, in Ungarn und anderen Teilen der Monarchie ausgelöst hatte. Europa stand am Rande eines großen Krieges, als die Krise von Staat und Gesellschaft des Ancien Régime in Frankreich zum Ausbruch kam.

Die englische und die französische Außenpolitik wurden in den Jahrzehnten vor dem Ausbruch der Revolutionskriege von den Konflikten der beiden Weltmächte in Übersee geprägt. Nachdem Kanada in den Schlachten des Siebenjährigen Krieges für England erobert worden war und der Friede von Paris 1763 im Grunde auch die Auseinandersetzungen um die Vorherrschaft in Indien beendet hatte, eröffnete der Kampf für die Unabhängigkeit der nordamerikanischen Kolonien Englands der französischen Politik neue Möglichkeiten. Sie unterstützte die Vereinigten Staaten zusammen mit Spanien und verhalf so den politischen Ideen zum Sieg, in denen der monarchische Staat und die ständische Gesellschaft des alten Europa prinzipiell in Frage gestellt wurden: den Ideen der Freiheit und der Gleichheit, der unveräußerlichen, angeborenen Menschenrechte und der bürgerlichen Grundfreiheiten. Die Kosten dieser Politik brachten den französischen Staatshaushalt dem Bankrott einen weiteren Schritt näher. Mit den Friedensschlüssen der Jahre 1783/84 wurde die Unabhängigkeit der Vereinigten Staaten von Nordamerika anerkannt, der Krieg Englands gegen Frankreich, Spanien und die Niederlande beendet. An der europäischen Politik hatte Frankreich mehr mittelbar als Verbündeter Österreichs Anteil; es war jedoch nicht bereit, sich für einen nennenswerten Machtzuwachs der Habsburger Monarchie einzusetzen, suchte vielmehr den österreichisch-preußischen Dualismus auf der Basis des Status quo zu erhalten.

Aus englischer Sicht war im spanischen Erbfolgekrieg zu Beginn des 18. Jahrhunderts die Gefahr abgewendet worden, daß das spanische Weltreich ungeteilt an die österreichische Linie des Hauses Habsburg überginge oder mit dem Königreich Frankreich verbunden würde. Das Entstehen einer kontinentalen Hegemonialmacht war damit verhindert worden. Im Utrechter Frieden von 1713 war statt dessen ein Gleichgewicht unter den Mächten des europäischen Kontinents begründet worden: Unter einer bourbonischen Dynastie blieb Spanien selbständiges Königreich, und es behielt auch den größten Teil seines riesigen Kolonialbesitzes vor allem in Mittel- und Südamerika.

Die spanischen Besitzungen in den Niederlanden und Italien hingegen kamen zu Österreich. Das auf dieser Basis sich einpendelnde europäische Gleichgewicht über alle Veränderungen der Machtkonstellationen stets aufs neue auszubalancieren wurde zur Grundmaxime der englischen Europapolitik im 18. Jahrhundert. In ihrem Zeichen vollzog sich der Aufstieg Englands zur weltumspannenden Kolonial- und Seemacht. Gleichgewicht unter den europäischen Festlandsmächten und maritime Hegemonie für England: An diesem Leitbild sollten sich auch die Vorstellungen der englischen Politiker für die europäische Neuordnung nach dem Zusammenbruch des kontinentalen Herrschaftssystems Napoleons orientieren.

2. Die europäischen Mächte und das revolutionäre Frankreich

Die Französische Revolution entwickelte sich aus einer brisanten Mischung von Regierungsschwäche und staatlicher Finanzkrise, altständisch-regionalistischem Aufbegehren und starrer Privilegienverteidigung durch die bevorrechteten Stände, politischem und gesellschaftlichem Emanzipationsstreben des Bürgertums, kleinbäuerlicher Unzufriedenheit, allgemeinen wirtschaftlichen Schwierigkeiten und akuter sozialer Not vor allem bei Handwerkern und Angehörigen der städtischen Unterschicht. In allen Gesellschaftsklassen gab es Anhänger der Auffassung, es sei an der Zeit, Staat und Gesellschaft nach den Forderungen der Vernunft, der Freiheit und der Gerechtigkeit neu zu ordnen, was immer man sich auch im einzelnen darunter vorstellen mochte. Das Drama, das mit der Einberufung der Generalstände im Mai 1789 begann und mit der Hinrichtung König Ludwigs XVI. im Januar 1793 seinen ersten Höhepunkt erlebte, wurde von den europäischen Großmächten zunächst aus einer Position distanzierter

Zurückhaltung verfolgt. Sie waren viel zu sehr in ihre eigenen machtpolitischen Auseinandersetzungen verwikkelt und registrierten mit einer gewissen Befriedigung, daß Frankreich wegen seiner inneren Schwierigkeiten für längere Zeit außenpolitisch wenig handlungsfähig sein werde, seine Interessen oder Kompensationsansprüche bei der Verteilung der disponiblen Territorien Europas also kaum berücksichtigt zu werden brauchten.

Als Leopold II. im Februar 1790 in Österreich die Nachfolge seines Bruders Josephs II. antrat, entschied er sich dafür, zunächst die innere Lage in der Habsburger Monarchie zu stabilisieren und aus diesem Grunde das außenpolitische Konfliktpotential zu entschärfen. Daher gab er die noch immer von Kaunitz, dem bedeutenden Gegenspieler Friedrichs d. Gr., verfochtene antipreußische Stoßrichtung der österreichischen Außenpolitik auf. Er modifizierte einige umstrittene Reformmaßnahmen seines Bruders, ging andrerseits aber auch mit militärischer Gewalt gegen die Rebellion des Adels und der altständischen Korporationen Ungarns und der Niederlande vor. Die Gefahr eines Krieges mit Preußen wurde gebannt, als sich Österreich im Vertrag von Reichenbach im Juli 1790 verpflichtete, die antitürkische Allianz mit Rußland zu verlassen und mit der Pforte auf der Basis des Vorkriegsstandes Frieden zu schließen, was die Preisgabe des 1789 eroberten Belgrad bedeutete. Rußland führte den Krieg nach dem österreichisch-türkischen Friedensschluß allein weiter, konnte im Frieden von Jassy 1792 noch einmal erhebliche Territorialgewinne verbuchen und zog daher allein Nutzen aus den gemeinsamen Kriegsanstrengungen.

Auch nach dem Ausgleich mit Preußen und dem Friedensschluß mit der Türkei zeigte die österreichische Regierung wenig Neigung, durch eine Intervention zugunsten des bedrängten Königtums in die innerfranzösischen Angelegenheiten einzugreifen. Selbst durch seine Schwester, die französische Königin Marie Antoinette, ließ sich Leopold II. nicht aus seiner Reserve locken, und er vermied es vor allem, sich von den französischen Emigranten vereinnahmen zu lassen, die mit ihrer antirevolutionären Kriegspropaganda, ihrer Truppenwerbung und ihrem arroganten Auftreten in den linksrheinischen Reichsbistümern Trier und Mainz zu einer wahren Landplage wurden. Als Friedrich Wilhelm II. von Preußen in einer Mischung von monarchischem Solidaritätsgefühl und Hoffnung auf Territorialgewinn zu gemeinsamem Handeln drängte, blieb man in Wien zurückhaltend. In der preußisch-österreichischen Erklärung von Pillnitz (August 1791) wurde zwar die Aufrechterhaltung der Monarchie in Frankreich als gemeinsames Ziel aller europäischer Herrscher bezeichnet, die zugleich angedrohte Intervention jedoch von der Zustimmung sämtlicher Mächte abhängig gemacht. Diese war aber zumindest von England mit Sicherheit nicht zu erwarten, und so diente die Erklärung im Grunde nur zur Beschwichtigung der Rufe nach Intervention, ohne ihnen wirklich zu entsprechen. Als Ludwig XVI. im September 1791 die von der Nationalversammlung beschlossene Verfassung der konstitutionellen Monarchie in Kraft setzte, erklärte Leopold II., damit sei die Revolution beendet, jeder Anlaß für eine Intervention fortgefallen. Unter den Herrschern seiner Zeit stand Leopold II. dem Gedanken einer verfassungsmäßigen Selbstbeschränkung des aufgeklärten Monarchen am aufgeschlossensten gegenüber, und in den Vorgängen in Frankreich sah er nicht zuletzt eine berechtigte Warnung vor den Folgen absolutistischer Mißwirtschaft.

Daß es trotz der von Österreich geprägten Politik der Nicht-Intervention zum Krieg kam, hatte seine Ursache vor allem in den innerfranzösischen Verhältnissen. Frankreich war auch unter der konstitutionellen Monarchie nicht zur Ruhe gekommen. Die wirtschaftlichen Schwierigkeiten und die Finanzkrise waren nicht geringer geworden, die Kirchenpolitik der Nationalversammlung hatte einen Teil der Bevölkerung der Revolution entfremdet, bei der Aufhebung des Feudalsystems waren die bäuerlichen Forderungen nur begrenzt berücksichtigt worden, und im städtischen Kleinbürgertum entwickelte sich der politische und soziale Radikalismus der Sansculotten. Die parteipolitischen Gegensätze spitzten sich zu, und die Gefahr gegenrevolutionärer Aktionen bestand weiter, zumal die Loyalität des Königs gegenüber der beschworenen Verfassung mehr als zweifelhaft war. In dieser Situation propagierte die Partei der Girondisten eine aggressive Außenpolitik als bestes Mittel, um die inneren Schwierigkeiten zu überwinden, die Nation zur Einheit zu formen und den Siegeszug der Revolutionsideen durch Europa einzuleiten. Sie konnte die Mehrheit der gesetzgebenden Versammlung für sich gewinnen, und auch der König war für den Krieg, von dem er seinerseits den Zusammenbruch des Revolutionsregimes erwartete. Die Interventionsdrohungen der europäischen Mächte und das Treiben der Emigranten boten den Vorwand: Am 20. April 1792 erklärte Frankreich Österreich den Krieg.

Während sich die übrigen europäischen Großmächte und die Kleinstaaten des Reiches aus dem Krieg zunächst herauszuhalten suchten, war Preußen seinen vertraglichen Verpflichtungen entsprechend sofort auf die Seite Österreichs getreten. Von beiden Mächten wurde der Krieg »von Anfang an nicht als ein Verteidigungs-, sondern als ein Eroberungskrieg angesehen«.[1] Die Rivalität zwischen den beiden Staaten war jedoch noch längst nicht beigelegt, und das daraus entstehende Mißtrauen behinderte die Kriegführung erheblich. In Berlin und Wien hielt man es für selbstverständlich, daß die Kriegsanstrengungen den Anspruch auf irgendwelche »Entschädigungen« begründeten. Man war sich aber nicht darüber einig, ob diese auf Kosten Frankreichs, etwa im Elsaß, oder an der Grenze zu den Niederlanden erfolgen sollten, ob erneut das an dem Konflikt unbeteiligte Polen die Last tragen sollte oder ob man sich durch großzügige Säkularisation geistlicher Territorien des nicht weniger unschuldigen Reiches schadlos halten sollte. Daraus mochte dann vielleicht sogar eine völlige territoriale Reorganisation des Reiches durch Ausdehnung Preußens und Österreichs bis an den Rhein hervorgehen. Seitdem das außenpolitisch handlungsunfähig gewordene Frankreich nicht mehr als Hüter und Garant reichsständischer »Libertät« auftreten konnte, war die politische Selbständigkeit der Kleinstaaten und vor allem der geistlichen Territorien des Reiches aufs stärkste bedroht. Über ihre gegenseitige Rivalität hinaus fürchteten Österreich und Preußen jedoch auch gleichermaßen, daß sie bei einem allzu starken militärischen Engagement im Westen der weiteren Expansion Rußlands in Osteuropa nicht den notwendigen Widerstand entgegensetzen könnten. Letztlich ging es um die Frage, welche Auswirkungen die Schwächung Frankreichs für das System des europäischen Gleichgewichts haben und welche Macht den größten Gewinn daraus ziehen würde.

Die militärische Widerstandskraft des revolutionären Frankreich haben die Verbündeten in verhängnisvoller Weise unterschätzt. Angesichts der Auflösungserscheinungen in der französischen Armee rechneten sie mit einem schnellen und leichten Sieg. Ihr Oberbefehlshaber gab der Intervention in seinem Kriegsmanifest den Charakter einer internationalen Polizeiaktion zur Wiederherstellung von Ordnung, Gesetzlichkeit und monarchischer Autorität in Frankreich, drohte zugleich aber auch für den Fall von Übergriffen auf die königliche Familie mit härtesten Vergeltungsmaßnahmen. Damit wurde jedoch nur der Widerstandswille einer um ein neues Verständnis ihrer Identität ringenden Nation erhöht. Die Anfangserfolge der Verbündeten steigerten die Radikalität der innenpolitischen Auseinandersetzungen in Frankreich, die Verfolgung von angeblichen oder echten Gegenrevolutionären, Kollaborateuren und Konspirateuren gipfelte in den Pariser Septembermorden, welche die Phase des revolutionären Terrors einleiteten.

Die vom Mittelrhein aus über Verdun auf Paris vorrückkenden preußischen Truppen wurden bei Valmy aufgehalten und zum Rückzug gezwungen, die von den Niederlanden aus operierenden Österreicher bei Jemappes geschlagen. Das revolutionäre Frankreich konnte sogar zur militärischen und politischen Offensive übergehen: Österreich mußte die Niederlande räumen, das ganze linksrheinische Deutschland war bedroht, Ende Oktober wurde Mainz erobert. Der Konvent, das Pariser Revolutionsparlament, erklärte den Rhein zur natürlichen Grenze Frankreichs, bot allen Völkern seine Hilfe beim Kampf um ihre Freiheit an und brach mit der Hinrichtung Ludwigs XVI. am 21. Januar 1793 bewußt jede Brücke zur Verständigung mit den Mächten des alten Europa ab. Das deutsche Reich, England, Holland, Spanien und andere Staaten traten daraufhin in den Krieg gegen Frankreich ein und erweiterten so das preußisch-österreichische Bündnis zu einer europäischen Koalition, in der Rußland vorerst noch fehlte.

Die innere Festigkeit dieser Koalition wurde freilich durch zunehmende Spannungen zwischen Österreich und Preußen stark belastet. Nachdem Preußen schon im Herbst 1792 die Zustimmung Österreichs zur Annexion weiterer polnischer Gebiete verlangt hatte, verständigte es sich im Januar 1793 mit Rußland über die Zweite Teilung Polens, durch die Preußen die Gebiete um Danzig und Thorn und die spätere Provinz Posen erhielt. Polen hatte sich noch im Mai 1791 als Abschluß einer Serie innenpolitischer Reformgesetze eine vorbildliche Verfassung gegeben – die erste Verfassung einer konstitutionellen Monarchie in Europa – und so versucht, die innere und äußere Souveränität des Staates gegen den anhaltenden Druck der benachbarten Mächte zu verteidigen. Es hatte damit bereits eine massive russische Intervention herausgefordert, und zur Begründung für die erneute Vergewaltigung des kleinen Landes wurde von den Großmächten jetzt die Behauptung aufgestellt, Polen sei zu einem die Stabilität der Nachbarstaaten gefährdenden Herd republikanischer und jakobinischer Propaganda geworden – die territorialen Annexionen wurden diesmal mit einem ideologischen Freund-Feind-Bild gerechtfertigt. Österreich ging bei der Zweiten polnischen Teilung leer aus; ihm wurde jedoch anheimgestellt, sich einen entsprechenden Territorialgewinn auf Kosten Frankreichs zu verschaffen.

Die Vorgänge um die Zweite polnische Teilung führten dazu, daß in Wien jetzt in der Person Thuguts wieder ein konsequenter Gegner Preußens die Leitung der Außenpolitik übernahm. Er wartete im Grunde nur auf die Gelegenheit zu einer großen Abrechnung und forderte Kaiser Franz II. sogar auf, seine Truppen für den Kampf mit Preußen um die Vorherrschaft in Mitteleuropa zu schonen, statt sie im Krieg gegen Frankreich zu verschleißen. Die überaus vorsichtige preußische Kriegführung war in der Tat nicht geeignet, Vertrauen bei den Verbündeten zu erwecken. Die antifranzösische Koalition der europäischen Mächte konnte zwar gewisse Anfangserfolge erringen. Die daraufhin im Herbst 1793 eingesetzte revolutionäre Diktatur des Wohlfahrtsausschusses vermochte ihre innerfranzösischen Gegner jedoch mit Maßnahmen brutalsten Terrors zu unterdrücken und die militärische Lage durch das allgemeine Aufgebot aller waffenfähigen Männer zu stabilisieren. Ab Frühjahr 1794 wurden die Truppen der europäischen Mächte wieder in die Defensive gedrängt. Preußen wollte aus dem Krieg ausscheiden, wurde zunächst durch einen Subsidienvertrag mit England und Holland noch einmal an die Koalition gebunden, hielt jedoch zur Enttäuschung der Verbündeten weiterhin den Hauptteil seiner Truppen im Osten zurück, weil mittlerweile in Polen unter Führung von Kosciuszko ein letzter Kampf für die Freiheit und Unabhängigkeit des Landes begonnen hatte. So verdichtete sich die Atmosphäre des Mißtrauens und der Verdächtigung, des Haders und der Vorwürfe, der Unsicherheit und Halbherzigkeit im Lager der europäischen Koalition. Sie erleichterte die Selbstbehauptung des revolutionären Frankreich, das nach dem Sieg von Fleurus (26. Juni 1794) endgültig wieder zur Offensive übergehen und bis zum Ende des Jahres alle Gebiete westlich des Rheins besetzen konnte.

In einer Mischung von Kriegsmüdigkeit, Friedenssehnsucht und finanzieller Erschöpfung ergriff Preußen die Initiative bei Verhandlungen über die Beendigung des Krieges. Entsprechende geheime Sondierungen begannen schon im Oktober 1794. Ende des Jahres forderte der Reichstag Österreich und Preußen zur Aufnahme von Friedensverhandlungen auf, und so kam es am 15. April 1795 zum Abschluß des preußisch-französischen Sonderfriedens von Basel. Preußen schied damit bis 1806 aus dem Krieg der europäischen Staaten gegen das revolutionäre, später napoleonische Frankreich aus und gab seine Zustimmung zur Ausdehnung Frankreichs bis an den Rhein. Für seine linksrheinischen Besitzungen sollte Preußen bei einem allgemeinen Friedenskongreß im rechtsrheinischen Deutschland entschädigt werden. Vorerst wurde ganz Norddeutschland bis zu einer Demarkationslinie neutralisiert, die auch die fränkischen Besitzungen Preußens südlich des Main umfaßte. Nach dem Ausscheiden Preußens aus dem Krieg nahmen auch Spanien und andere europäische Staaten Friedensverhandlungen auf, so daß schließlich nur noch Österreich und England den Krieg fortsetzten.

Das politische Prestige Preußens wurde durch den Baseler Frieden noch mehr beeinträchtigt als durch die halbherzige Kriegführung in den vorangegangenen Jahren. Es war jetzt mit Österreich endgültig verfeindet, hatte die Seemächte England und Holland vor den Kopf gestoßen; es war politisch isoliert und entmachtet, ohne militärisch geschlagen worden zu sein. Der Friede von Basel verschaffte Norddeutschland jedoch noch einmal eine zehnjährige Periode des Friedens und der kulturellen Blüte, für die das Weimar der Goethezeit das strahlendste Beispiel bietet.

Der Friede von Basel ist Preußen von Zeitgenossen und später von Historikern immer wieder als perfider Verrat an der Sache »Deutschlands« vorgeworfen worden, und man hat sich darüber hinaus gefragt, ob er als erster Schritt zur Errichtung eines preußischen Protektorats über Norddeutschland gedacht war. Teil einer derart umfassend angelegten Strategie war er jedoch nicht, sondern eher ein Ergebnis der Schwäche, der Hilflosigkeit und der Friedenssehnsucht. Den dafür zu zahlenden Preis (die linksrheinischen Gebiete Preußens) hoffte man durch Säkularisierung geistlicher Gebiete im Reich mehr als ersetzt zu bekommen. Der Friede wurde in der Hoffnung geschlossen, er werde kein Sonderfrieden bleiben, sondern den Weg zu einem generellen Friedenskongreß öffnen. Nicht ganz unberechtigt war im übrigen auch die Sorge der preußischen Unterhändler, Österreich könne ihnen beim Abschluß eines Separatfriedens zuvorkommen. Immerhin wurde um diese Zeit in Österreich erwogen, auf der Grundlage eines solchen Friedens unter Wiederaufnahme des bayerisch-niederländischen Tauschprojektes eine österreichische Hegemonie über Süddeutschland zu errichten und vielleicht sogar Seite an Seite mit Frankreich Schlesien von Preußen zurückzuerobern. Zu einem solchen Wechsel der Allianzpartner konnte sich die Wiener Regierung zwar nicht entschließen, doch kam es in der Zeit der Baseler Friedensverhandlungen zu einer russisch-österreichischen Verständigung über die endgültige Zerschlagung Polens. Preußen wurde diesmal erst nachträglich zur Beteiligung aufgefordert: Es erhielt das südlich und östlich an Ostpreußen angrenzende Gebiet bis zum Bug und zum Njemen, außerdem Warschau und Umgebung. Österreich schob sich mit dem Erwerb Westgaliziens von Süden her bis dicht vor die Tore Warschaus vor, während Rußland sich von Osten her bis an den Bug und an den Njemen ausdehnte und im Norden vor allem auch das Herzogtum Kurland, Samogitien und große Teile Litauens gewann. Durch die drei polnischen Teilungen wurden die russischen Grenzen um rd. 600 Kilometer nach Westen verschoben. Das polnische Volk verlor bis zum Jahre 1918 seine nationale Selbständigkeit. Noch während der Verhandlungen über die Aufteilung Polens kam es auch zu österreichisch-russischen Verabredungen über weitere Eroberungen im osmanischen Machtbereich, erklärte Rußland seine Zustimmung zum bayerisch-niederländischen Tauschprojekt und zur Besetzung der Republik Venedig durch Österreich. Durch den Abschluß eines Dreibundvertrages mit England und Österreich erweckte es zugleich die Hoffnung, es werde sich jetzt aktiv am Krieg gegen Frankreich beteiligen.

Die Hauptlast des 1796 mit erhöhter Anstrengung wieder aufgenommenen Krieges lag aber auf der österreichischen Armee. Unter Führung des Erzherzogs Karl gelang es im Herbst, die bis weit nach Süddeutschland hinein vorgedrungenen Franzosen zurückzuschlagen, doch gleichzeitig begann in Oberitalien der Siegeszug des jungen Napoleon Bonaparte, der Österreich zum Abschluß des Friedens von Campo Formio zwang (17./18. Oktober 1797). Österreich verzichtete darin auf die habsburgischen Niederlande und die Lombardei, erhielt jedoch als Entschädigung das Gebiet der Republik Venedig zugesprochen sowie die Aussicht auf das Erzbistum Salzburg und weitere Gebiete an der Grenze zu Bayern. Wie vorher Preußen, gab nunmehr auch Österreich das linksrheinische Deutschland preis. England stand jetzt im Krieg gegen Frankreich allein.

Preußen und Österreich hatten den Frieden zwischen Frankreich und dem Reich zwar präjudizieren, aber nicht verbindlich abschließen können. Diese Aufgabe hatte der Friedenskongreß, der Ende 1797 in Rastatt zusammentrat. Mit den bis dahin geheimgehaltenen Bestimmungen der

Friedensverträge von Basel und Campo Formio konfrontiert, blieb den Deputierten des Reichstags keine andere Wahl, als dem Verzicht auf das linksrheinische Deutschland und der Entschädigung der betroffenen Landesherren durch Säkularisierung geistlicher Territorien zuzustimmen. Über den Wert der verlorenen Besitzungen und die Höhe der Entschädigung begann jedoch ein erbittertes Feilschen, das sich ergebnislos bis zum Wiederausbruch des Krieges im Frühjahr 1799 hinzog. Bei ihrer Abreise aus Rastatt wurden die französischen Delegierten unter nie geklärten Umständen von österreichisch-ungarischen Husaren überfallen und zwei der Gesandten ermordet: Die Verwilderung der internationalen Moral im ausgehenden Ancien Régime machte auch vor dem Gesandtschaftsrecht nicht halt.

3. Deutschland im System der napoleonischen Hegemonie

Den unmittelbaren Anlaß für die Bildung einer zweiten antifranzösischen Koalition europäischer Großmächte gab das Vordringen Frankreichs im Mittelmeerraum. Die vom innenpolitisch gemäßigten Großbürgertum getragene Regierung des Direktoriums, die 1795 dem gestürzten Wohlfahrtsausschuß gefolgt war, hatte schon bald erkennen lassen, daß sie sich mit dem Programm der »natürlichen Grenzen« Frankreichs nicht begnügen wollte. Sie hatte in Gestalt der sogenannten Tochterrepubliken in den Niederlanden, der Schweiz, Ober- und Mittelitalien, 1798 schließlich auch im Kirchenstaat ein System von Frankreich abhängiger Satellitenstaaten gebildet, deren Innenpolitik weithin auf das Vorbild des direktorialen Frankreich ausgerichtet war. Aus vormals venezianischem Besitz hatte Frankreich die ionischen Inseln übernommen und so ein Sprungbrett zu direkter Einmischung in die Balkanpolitik erhalten, und im Sommer 1798 bekam der tatendurstige Bonaparte die Erlaubnis zu einem großangelegten Unternehmen gegen das noch zum Osmanischen Reich gehörende, aber schon zur englischen Interessensphäre gerechnete Ägypten. Die Expedition endete militärisch und politisch mit einem Fiasko. Napoleon konnte zwar zu Lande die osmanisch-ägyptischen Truppen schlagen, nachdem die Engländer jedoch unter dem Kommando Nelsons die französische Flotte auf der Reede von Abukir vor Alexandria vernichtet hatten, war das französische Expeditionskorps von allen Verbindungen zum Mutterland abgeschnitten.

England und Rußland hatten schon vorher den Kern für eine neue Koalition gebildet, die Türkei stellte ihre Gegensätze mit Rußland zurück und trat der Allianz bei, ebenso das noch immer bourbonisch regierte Königreich Neapel-Sizilien, das durch das französische Vordringen in Italien bedroht wurde, sowie schließlich auch Österreich, durch dessen Gebiet eine russische Armee unter Führung Suworows bis nach Oberitalien vordrang. Der Krieg brachte zunächst große Erfolge der Koalition. Die französischen Truppen wurden aus Italien verdrängt, die alten Herrschaftsverhältnisse dort wiederhergestellt; in Süddeutschland und in der Schweiz waren die erneut von Erzherzog Karl geführten österreichischen Armeen erfolgreich, die machtpolitischen Gegensätze zwischen den Koalitionspartnern bewirkten jedoch auch diesmal wieder ein Auseinanderbrechen der Koalition. England sah das Vordringen Rußlands in den Mittelmeerraum nicht ohne Sorge, und Österreich befürchtete von den russischen Erfolgen in Oberitalien eine Beeinträchtigung seiner dortigen Macht- und Einflußzonen. Als die mittlerweile bis in die Schweiz vorgedrungenen russischen Korps im Herbst 1799 geschlagen wurden, führte Zar Paul I. das auf mangelnde österreichische Unterstützung zurück. Rußland schied im Oktober aus der Koalition aus und bildete ein

Jahr später zusammen mit den skandinavischen Ländern und Preußen sogar ein neues, antienglisches System der »bewaffneten Seeneutralität«.

Ende 1799 vollzog sich in Frankreich eine entscheidende Wende. Dem Direktorium war es nicht gelungen, die tiefen innenpolitischen Gegensätze zu überwinden, welche die Revolution hinterlassen hatte, und die Lager der Royalisten und der Jakobiner in eine stabile Ordnung einzubinden. Als Ausweg aus der permanenten Krise plante deshalb eine Reihe von Politikern unter Führung von Sieyès eine Art »Staatsstreich der Mitte«, für dessen militärische Durchführung sich der mittlerweile ohne sein dezimiertes Expeditionskorps aus Ägypten zurückgekehrte Napoleon Bonaparte anbot. Am 18. Brumaire (9. November) 1799 wurde das Direktorium aufgelöst und am 24. Dezember die Konsulatsverfassung verkündet. Napoleon übernahm als Erster Konsul die Macht im Staat, die er in den folgenden Jahren stufenweise zu einer spezifischen Herrschaftsform des plebiszitär legitimierten Cäsarismus ausbaute und mit der Kaiserkrönung des Jahres 1804 auch charismatisch zu überhöhen suchte.

Nach dem Ausscheiden Rußlands aus der zweiten Koalition hatte Österreich, unterstützt nur von Württemberg und Bayern, die Hauptlast des Festlandskrieges zu tragen. Das Angebot Napoleons, auf der Basis des Vertrags von Campo Formio Frieden zu schließen, wurde von Österreich abgelehnt, weil es die Preisgabe aller italienischen Eroberungen aus der ersten Phase des Krieges bedeutet hätte. Daher fiel die Entscheidung erst durch die französischen Siege bei Mailand (Marengo, 14. Juni 1800) und München (Hohenlinden, 3. Dezember 1800). Der diesmal auch für das Reich mit abgeschlossene Frieden von Lunéville (9. Februar 1801) bestätigte im wesentlichen die Abmachungen von Campo Formio, zwang Österreich aber auch zur Anerkennung der wiederentstehenden französischen Tochterrepubliken und zum Verzicht auf die Gebiete der habsburgischen Sekundogenituren Toscana und Modena. Auch hierfür sollte durch Säkularisierung von Kirchenbesitz im Reich eine Entschädigung erfolgen. England war an den Verhandlungen nicht beteiligt, es setzte den Seekrieg gegen Frankreich noch bis zum Frieden von Amiens fort (27. März 1802), während Rußland noch im Herbst 1801 mit Frankreich Frieden schloß. Dabei verständigte man sich auch über ein Zusammenwirken bei der territorialen Neuordnung Deutschlands.

Die Rivalität unter den beiden deutschen Vormächten und die Begehrlichkeit der überall nach Unterstützung ihrer Ansprüche suchenden Klein- und Mittelstaaten erleichterten es Frankreich und Rußland, unter Berufung auf ihre Garantie für den Frieden von Teschen die Grundzüge der territorialen Neuordnung zu bestimmen. Sie waren beide an der Stärkung der deutschen Mittelstaaten interessiert (Rußland auch auf Grund dynastischer Verwandtschaftsbeziehungen des Zaren), und so wurden die wesentlichen Bestimmungen des »Reichsdeputationshauptschlusses« (25. Februar 1803) durch einzelstaatliche Verträge mit Frankreich präjudiziert und dann von Rußland und Frankreich in einem Entschädigungsplan zusammengefaßt, an dem die Verhandlungsdeputation des Reichstags nichts Entscheidendes mehr ändern konnte.

Grundlage dieses Plans war die Säkularisation, d. h. die Aufhebung der politischen Selbständigkeit fast aller geistlicher Territorien in Deutschland. Nur für den Erzbischof von Mainz, den Kanzler des Reiches, wurde ein kleines Herrschaftsgebiet um Aschaffenburg und Regensburg geschaffen. Auch die weitaus meisten Reichsstädte verloren ihre Selbständigkeit, während Reichsfürsten und Reichsritter noch bis zur Gründung des Rheinbunds und zur endgültigen Liquidierung des Reiches eine wenn auch schwer bedrohte Existenz zu retten vermochten. Mit der Säkularisation wurde den neuen Besitzern auch das Recht zur Verstaatlichung des Kirchenbesitzes eingeräumt. Der

Staat wurde damit der Grundherr der bisher von kirchlichen Institutionen abhängigen Bauern und Eigentümer zahlloser Grundstücke und sonstiger Liegenschaften, mußte aber auch hohe Grundschulden, Versorgungsansprüche und andere Folgelasten übernehmen. Die Aufhebung der Klöster, die häufig nicht nur als Stätten der Sozialfürsorge, sondern auch als Wirtschaftszentren und Arbeitgeber wichtige lokale Funktionen gehabt hatten, führte in Süddeutschland stellenweise zu ausgeprägten Pauperisierungserscheinungen. Durch Kauf säkularisierter Grundstücke konnten Bauern und Gutsbesitzer ihre Ländereien öfters arrondieren, doch wurde davon in Süddeutschland offenbar nur begrenzt Gebrauch gemacht, während im linksrheinischen Deutschland auch viel bürgerliches Kapital vorübergehend oder auf Dauer in säkularisiertem Kirchenbesitz angelegt wurde.

Hauptgewinner der territorialen Neuordnung waren vor allem die süddeutschen Mittelstaaten Bayern, Württemberg und Baden, dann Preußen, das mit dem Erwerb der Bistümer Hildesheim, Paderborn und Münster seine Machtposition im deutschen Nordwesten wesentlich erweiterte, weniger dagegen Österreich, das sich mit den Südtiroler Bistümern Brixen und Trient begnügen mußte, immerhin aber das Bistum Salzburg und den Breisgau für die aus Italien vertriebenen habsburgischen Nebenlinien retten konnte.

In dem vom französisch-russischen Einfluß diktierten Reichsdeputationshauptschluß entschied es sich, daß die seit längerer Zeit diskutierte Säkularisierung der geistlichen Territorien des Reiches nicht primär zu einer Machtsteigerung Österreichs und Preußens führte, sondern zu einer Konsolidierung der deutschen Mittelstaaten. Zusammen mit den ergänzenden Bestimmungen des Rheinbundvertrages prägte er die politische Landkarte Deutschlands bis zu den preußischen Annexionen des Jahres 1866 in Norddeutschland, im übrigen sogar bis zum Ende des

Deutschen Reiches 1945.

Die mit dem Frieden von Amiens eingeleitete Periode des Friedens in Europa ging schon nach wenig mehr als einem Jahr wieder zu Ende. Der Friedensschluß hatte England nicht die erhofften wirtschaftlichen Vorteile gebracht. Die Bemühungen Napoleons, sich in den deutschen Mittelstaaten eine zuverlässige Klientel zu verschaffen, die Errichtung eines förmlichen französischen Protektorats über die Schweiz, die Annexion Piemonts, die weitere Verfestigung des französischen Herrschaftssystems in Italien und die Aktivität der französischen Diplomatie im Osmanischen Reich erregten das Mißtrauen der englischen Politik. Bereits im Mai 1803 wurden die diplomatischen Beziehungen zwischen England und Frankreich wieder abgebrochen.

Zu einer Wiederaufnahme des Kriegs auf dem Festland kam es jedoch erst, nachdem sich Zar Alexander I. von der vorübergehenden Zusammenarbeit mit Frankreich wieder abgewendet hatte und statt dessen zu der Einsicht gekommen war, in der augenblicklichen Situation sei es die weltpolitische Mission Rußlands, für die Wiederherstellung und die Aufrechterhaltung der Unabhängigkeit aller europäischen Staaten einzutreten. Diese Wendung zu einer weniger von nationalstaatlichen Interessen als vielmehr von allgemeingültigen Prinzipien bestimmten Politik kam englischen Vorstellungen über eine europäische Neuordnung entgegen, die damals der jüngere Pitt entwickelte: Wiederherstellung des europäischen Gleichgewichts durch Zurückdrängung Frankreichs auf die Grenzen von 1792, Sicherung danach des allgemeinen Friedens und der Unabhängigkeit aller Staaten durch einen europäischen Staatenbund mit wechselseitiger Besitzgarantie. Die im politischen Denken der Zeit viel diskutierte Idee eines europäischen Völkerbundes und die Suche nach dauerhaften Friedensgarantien fanden in den Verhandlungen und Verträgen über die Bildung der neuen, dritten Koalition erstmals einen Niederschlag von einer gewissen politischen Relevanz.

Dem englisch-russischen Bündnis vom April 1805 schloß sich Österreich erst nach einigem Zögern, Preußen trotz massiven russischen Drucks überhaupt nicht an, während Bayern auf die französische Seite trat und damit Württemberg und Baden nach sich zog. Napoleon hatte seine Truppen an der Kanalküste zusammengezogen, als ob er eine Invasion Englands plane. Mit der Schnelligkeit seiner militärischen Bewegungen überrumpelte er die Verbündeten. Ein nach Süddeutschland vorgedrungenes österreichisches Korps kapitulierte bei Ulm, und die »Dreikaiserschlacht« von Austerlitz (2. Dezember 1805) wurde zu einem der glänzendsten Siege Napoleons. Der enttäuschte und entmutigte Zar ließ die Reste seiner Armee umgehend den Rückzug antreten. Das allein gelassene Österreich mußte den Frieden von Preßburg abschließen (26. Dezember 1805), verlor dadurch Vorarlberg, Tirol, Brixen und Trient an Bayern, die oberrheinischen Entschädigungsgebiete von 1801 an Baden und die 1797 gewonnenen venezianischen Territorien an das mittlerweile von Napoleon unter seinem Zepter gegründete Königreich Italien. Es mußte außerdem eine hohe Kriegsentschädigung zahlen und die volle Souveränität der zu Königreichen erhobenen Staaten Bayern und Württemberg anerkennen.

Damit stellte sich erneut die Frage, was eigentlich aus der längst »leergeklopften Hülse« des alten deutschen Reiches werden sollte. Napoleon hatte sich bereits 1804 in Aachen als Nachfolger Karls d. Gr. feiern lassen, und es war immerhin denkbar, daß er nach der Würde eines Königs von Italien auch das deutsche Kaisertum usurpieren würde, um daraus Herrschaftsansprüche über das ganze ehemalige Reichsgebiet abzuleiten. Napoleon hat darauf jedoch verzichtet und sich damit begnügt, im Juli 1806 den Rheinbund zu gründen. Am 8. August 1806 legte Franz II., der schon 1804 ein eigenes Kaisertum Österreich geschaffen hatte, unter ultimativem Druck Napoleons die Krone des deutschen Reiches nieder. Ob das Reich dadurch erloschen war oder ob es gegebenenfalls nach einem Interregnum wiederaufleben konnte, war mehr ein Problem der Verfassungsjuristen als der praktischen Politik.

Dem Rheinbund gehörten zunächst 16 deutsche Mittel- und Kleinstaaten an, voran Bayern, Württemberg und Baden; später umfaßte er alle deutschen Staaten mit Ausnahme Österreichs, Preußens und der direkt Frankreich zugeschlagenen Gebiete. Die im Bereich des Rheinbunds liegenden, bislang noch autonomen reichsadeligen oder reichsstädtischen Territorien wurden der Souveränität der Rheinbundstaaten unterworfen und mediatisiert: nach dem Reichsdeputationshauptschluß ein weiterer Schritt zur äußeren Arrondierung der deutschen Mittelstaaten, der freilich auch noch erhebliche Anstrengungen zu deren innerer Konsolidierung verlangte. Der Rheinbund war in erster Linie eine Offensiv- und Defensivallianz, welche die Außenpolitik der Rheinbundstaaten vollständig an die ihres Protektors Napoleon band und ihre Streitkräfte uneingeschränkt seiner Verfügungsgewalt unterstellte. In der Gründungsakte war darüber hinaus vorgesehen, dem Rheinbund eine förmliche Verfassung zu geben. Die größeren Mitgliedstaaten haben sich jedoch gegen jede Beschränkung ihrer inneren Souveränität erbittert gewehrt, und sie hatten damit Erfolg, da auch Napoleon wenig Interesse am inneren Ausbau des Rheinbunds als solchem zeigte, solange er seinen außen- und militärpolitischen Zweck erfüllte. Die Hoffnung wohlmeinender Publizisten, der Rheinbund könne zum Keim eines von innen her erneuerten deutschen Reiches werden, erwies sich bald als illusionär. Was Napoleon aber immer wieder forderte und doch nur begrenzt durchzusetzen vermochte, war eine Anpassung der Innenpolitik der Rheinbundstaaten an das französische Vorbild. »Die Gleichförmigkeit des Verwaltungs-, Verfassungs- und Rechtssystems sollte die verschiedenartigen Länder des Empire einander angleichen und die politische Einheit in einem staatenübergreifenden Herrschaftssystem herstellen.«[2]

Während des dritten Koalitionskrieges hatten sich am preußischen Hofe die Anhänger und die Gegner eines Beitritts zur Koalition in etwa die Waage gehalten. So war es zu einer hinhaltend taktierenden, entscheidungsscheuen Politik gekommen, die Preußen allseits diskreditierte, isolierte und schließlich zum bedingungslosen Anschluß an das französische System zwang. In den Verträgen von Schönbrunn (15. Dezember 1805) und Paris (15. Februar 1806) ging es eine Offensiv- und Defensivallianz mit Frankreich ein. Es mußte einen Teil seiner westfälischen und fränkischen Außenlande abtreten, erhielt dafür aber Hannover zugesprochen, was den Krieg mit England nach sich zog, und garantierte den Bestand des mit Frankreich verbündeten Osmanischen Reiches, was den Keim zu Konflikten mit Rußland in sich trug. Als dann in Berlin bekannt wurde, daß Frankreich und England über einen Friedensschluß verhandelten, zu dessen Voraussetzung die Rückgabe Hannovers an England gehörte, verschaffte diese demütigende Behandlung Preußens als Quantité négligeable der Kriegs- und Reformpartei in Berlin das Übergewicht. Mit der Mobilmachung Anfang August trat Preußen geradezu panikartig die Flucht nach vorn an – immer noch in der Hoffnung, den Krieg vermeiden und die politische Handlungsfähigkeit zurückgewinnen zu können. Die daraufhin eingeleiteten französischen Kriegsvorbereitungen zogen das preußische Ultimatum nach sich, das Napoleon mit dem Vormarsch seiner Armeen beantwortete. Am 14. und 16. Oktober wurden die Preußen bei Jena und Auerstedt vernichtend geschlagen; der preußische Militärstaat brach wie ein Kartenhaus zusammen; fast alle Festungen kapitulierten widerstandslos. Der Hof mußte von Berlin nach Ostpreußen flüchten. Hier konnten sich die Reste der preußischen Armee mit russischer Unterstützung im Winterfeldzug noch einmal behaupten, bis die Schlacht von Friedland (14. Juni 1807) die endgültige Entscheidung brachte.

Der Friede von Tilsit (7./9. Juli 1807) vernichtete die preußische Großmachtstellung. Es mußte alle seine westelbischen Gebiete abtreten, die den napoleonischen Modellstaaten auf deutschem Boden, dem Königreich Westphalen und dem Großherzogtum Berg, zugewiesen wurden. Verloren gingen auch die Gewinne aus der Zweiten und Dritten polnischen Teilung, die als »Herzogtum Warschau« mit Sachsen in Personalunion verbunden wurden. Strenge Rüstungsbeschränkungen setzten der außenpolitischen Macht Preußens enge Grenzen, ein Teil der preußischen Festungen blieb von französischen Truppen besetzt, eine unbezahlbar hohe Kriegskontribution saugte das Land finanziell aus und machte es politisch erpreßbar. Es mußte sich dem Handelskrieg gegen England anschließen und wurde so seines wichtigsten Außenhandelspartners beraubt. Die totale Erschütterung des Staates ebnete aber auch den Weg für die Kräfte der Reform und der Erneuerung.

Rußland, Preußens Verbündeter, ging ohne Verluste aus dem Krieg hervor. Der Zar schloß jetzt sogar ein Bündnis mit Napoleon, das für diesen eine unabdingbare Voraussetzung für die lückenlose Schließung des antienglischen Kontinentalsystems war, während Alexander I., unterstützt durch das französische Bündnis, die russische Expansion nach Süden weitertreiben, wenn möglich Konstantinopel gewinnen wollte.

Zwei Jahre nach der Katastrophe Preußens wagte Österreich noch einmal auf sich allein gestellt den Kampf gegen die französische Suprematie. Nach dem Sieg über Preußen hatte Napoleon die Eingliederung Spaniens und Portugals in sein kontinentales Hegemonialsystem in Angriff genommen, war dabei jedoch auf den fanatischen Widerstandswillen einer von ursprünglicher Freiheitsliebe beseelten Bevölkerung gestoßen, deren Patriotismus auch durch die offensichtliche Dekadenz der von Napoleon abgesetzten Herrscherhäuser nicht beeinträchtigt werden konnte. Immer mehr Truppen mußte Napoleon auf die iberische Halbinsel entsenden, ohne doch je der durch England von See her unterstützten Aufstandsbewegung ganz Herr werden zu können. Der beiderseits mit äußerster Brutalität geführte Guerillakampf trug den Schrecken und die Grausamkeit des Krieges bis in die letzte Hütte. Er wurde zu einer nie mehr sich schließenden Wunde am Körper des glanzvollen Grand Empire.

Österreich hatte nach der Niederlage von 1805 keinen prinzipiellen Systemwechsel vollzogen. Die antipreußische Animosität war schon mit der Ablösung Thuguts durch Cobenzl 1801 zurückgetreten, und jetzt gewann mit Philipp Stadion ein konservativer Reichspatriot den entscheidenden Einfluß auf die österreichische Politik. Er wartete im Grunde nur auf eine aussichtsreiche Gelegenheit zu einem neuen Krieg gegen Napoleon, dessen Ziel die Befreiung der deutschen Staaten, die Errichtung eines nationalen Reiches und die Restauration einer zeitgemäß reformierten ständischen Gesellschaftsordnung sein sollte. Stadion war zunächst gezwungen, eine Politik vorsichtiger Anpassung an das napoleonische System zu verfolgen. Mit den zunehmenden Schwierigkeiten Napoleons in Spanien hielt er jedoch die Chance für gekommen, unter Zurückstellung aller anderen Reformen die Reorganisation der österreichischen Armee und den Aufbau einer Nationalmiliz voranzutreiben und zugleich in London, Berlin und St. Petersburg für die Bildung einer neuen Koalition zu werben. Der nach zwei Jahrzehnten fast ständiger Kriegführung ohnehin bereits hoch verschuldete österreichische Staat wurde jedoch durch die forcierte Rüstungspolitik Stadions dem völligen Bankrott nahegebracht, und schon aus diesem Grunde war es nicht möglich, die Eröffnung der Kampfhandlungen über das Frühjahr 1809 hinauszuschieben. Zu diesem Zeitpunkt waren die militärischen Reformen noch nicht abgeschlossen, die Landwehr schlecht ausgebildet und ungenügend bewaffnet, und die Verhandlungen mit allen potentiellen Bündnispartnern hatten ergeben, daß bei ihnen vorerst auf eine effektive Unterstützung Österreichs nicht zu rechnen war. Preußische Pläne zur Entfesselung einer Insurrektion in Norddeutschland wurden Napoleon schon im Stadium der Vorüberlegungen bekannt. Die daraufhin erzwungene Entlassung des Ministers vom Stein Ende 1808 war ein schwerer Rückschlag für die Reformbestrebungen in Preußen. In Wien konnte man sich daher nur dann Chancen auf einen Sieg ausrechnen, wenn es gelang, in der ersten Kriegsphase die französischen und rheinbündischen Truppen in Süddeutschland zu schlagen, bevor Napoleon den Hauptteil seiner Armee von Spanien nach Deutschland verlegen konnte, und mit diesen Anfangserfolgen das Zeichen für konspirativ vorbereitete Aufstandsbewegungen in den besetzten Staaten zu geben, zugleich auch die noch abwartenden europäischen Mächte in den Krieg hineinzuziehen.

Wenn eine solche Chance überhaupt bestanden hatte, wurde sie gleich zu Beginn des Krieges im Frühjahr 1809 durch die Unfähigkeit der österreichischen Führung vertan. Nach verlustreichen Gefechten in der Gegend von Regensburg geriet Österreich sofort in die Defensive. Wien mußte geräumt werden. In der von Napoleon unter ungünstigsten Bedingungen angenommenen Schlacht von Aspern (21./22. Mai 1809) konnten sich die Österreicher zwar noch einmal behaupten. Nach dem Sieg Napoleons bei Wagram (4./5. Juli 1809) blieb für Österreich jedoch nur noch der Friedensschluß. Es mußte Salzburg, Berchtesgaden und das Innviertel an Bayern, das bei der Dritten polnischen Teilung gewonnene Westgalizien an das Herzogtum Warschau abtreten. Mit dem Verlust Triests und der letzten dalmatinischen Küstengebiete wurde es ganz vom Meer abgeschnitten. Erneut war eine hohe Kriegsentschädigung zu zahlen, und Wien mußte vor allem auch die Ziele der Tiroler Freiheitskämpfer preisgeben, die sich mehrfach siegreich gegen Bayern und Franzosen geschlagen hatten. Daß ihr Führer Andreas Hofer den Kampf trotzdem fortsetzte, statt nach Österreich zu flüchten, mußte er mit seiner Gefangennahme und seiner Hinrichtung im Festungsgraben von Mantua bezahlen.

Insgesamt führte der Frieden von Schönbrunn (14. Oktober 1809) zu geringeren Veränderungen als der von Tilsit. Österreich blieb als unabhängige europäische Macht bestehen, war jetzt aber zu einer Politik des vorsichtigen Lavierens und der Anpassung an das napoleonische System gezwungen. Für die Durchführung dieser Politik war Clemens Fürst Metternich der richtige Mann, der nunmehr die Leitung der österreichischen Außenpolitik übernahm. Metternich war von den Grundprinzipien seines politischen Denkens her überzeugt, daß das weiträumige System universaler Hegemonialpolitik Napoleons keine dauerhafte Stabilität gewinnen könne, daß es vielmehr früher oder später wegen der Überspannung seiner tragenden Elemente zusammenbrechen müsse. Auf diesen Tag zu warten und bis zu dieser Stunde den Staat Österreich zu erhalten war in den folgenden Jahren das oberste Ziel seiner Politik. Als Beweis für den Willen zu politischem Wohlverhalten arrangierte er Anfang 1810 die Vermählung zwischen der Kaisertochter Marie Louise und Napoleon.

Die große Politik der Kabinette, der Machtkampf der Staaten, der Krieg haben das Leben der europäischen Völker in diesen Jahrzehnten wesentlich bestimmt. Wirtschafts- und handelspolitische Überlegungen haben die Entscheidungen der englischen Politik dieser Jahre beeinflußt. Die enge Verzahnung von Innen- und Außenpolitik ist für das Frankreich des ersten Koalitionskrieges charakteristisch. Auf der Seite der europäischen Mächte war das ideologische Moment jedoch schwächer, als es die lauttönenden antirevolutionären Manifeste vermuten lassen, und die Entscheidungen fielen hier noch autonom und unbeeinflußt von innenpolitischen Erwägungen, sozialen Bewegungen oder wirtschaftlichen Interessen. Die ständigen Kriege brachten – wenn auch nicht in dem Ausmaß der »totalen Kriege« des 20. Jahrhunderts – Tod und Leid über unzählige Familien. In den von militärischen Aktionen betroffenen Gebieten führten sie zu Raub, Plünderung, Einquartierung, Requisition von Vieh, Nahrungsmitteln, Fahrzeugen und Gerätschaften. Rüstungskosten, Kriegsschäden, Kontributionen führten zu Steuererhöhungen, Zwangsanleihen und anderen finanziellen Belastungen, die dem Wirtschaftsleben das flüssige Kapital entzogen, den Grundbesitz zur Aufnahme immer neuer Schulden zwangen und die Defizite im Staatshaushalt vergrößerten. In Österreich kam es 1811 zum förmlichen Staatsbankrott. Ohne gefragt zu werden, wurden die Völker neuen Landesherren zugeteilt, neuen Verwaltungshierarchien unterworfen, mit den Segnungen neuer Gesetze beglückt: Der Stil der Politik schien sich im Vergleich zum Ancien Régime nicht geändert zu haben.

Und doch hatten die Machtkämpfe der napoleonischen Zeit einen anderen Charakter als die Kabinettskriege des vorausgegangenen Jahrhunderts. Die Französische Revolution lebte weiter, auch unter dem autoritären Regime Napoleons. Viele ihrer Grundforderungen waren durch die politische Aufklärung schon längst über ganz Europa verbreitet worden. Mit den Armeen der Französischen Revolution kamen jetzt auch deren Gesetze und Institutionen. Damals verwirklichte sich zum erstenmal in Europa das Phänomen, daß eine Hegemonialmacht den von ihr abhängigen Staaten auch ihr gesellschaftliches System auferlegt. War es der Französischen Revolution auch nicht geglückt, eine ihren Grundideen entsprechende konstitutionell-liberale oder demokratisch-republikanische Staatsordnung zu errichten, in der napoleonischen Innenpolitik wirkte sie weiter. Napoleon betrieb in seiner Gesetzgebung und in seiner Verwaltungspraxis die modernste Innenpolitik der Zeit. Die Lockung mit den Errungenschaften der Revolution war ein unverzichtbarer Bestandteil seiner imperialen Propaganda. Von seinen Satelliten verlangte er geradezu, daß sie in diesem Sinn die Modellstaaten einer neuen Gesellschaft würden. Daher wurde seine Innenpolitik Vorbild und Herausforderung zugleich für jeden Staat, der seine Selbständigkeit im Rahmen des napoleonischen Systems oder auch im Gegensatz dazu behaupten wollte.

II. Staatliche Reformpolitik
als Antizipation bürgerlicher Revolution

1. Deutschland und die Französische Revolution

Die Französische Revolution und die napoleonische Hegemonialpolitik führten zu einer tiefgehenden Erschütterung
der deutschen Staatenwelt. Sie schufen damit die Voraussetzung und die Notwendigkeit zu einer grundlegenden
Neugestaltung der politischen und sozialen Verhältnisse.
Es gab in Deutschland jedoch noch keine bürgerliche
Gesellschaft, deren Vertreter allein oder in Verbindung
mit Teilen des Adels eine derartige Neuordnung gegen
den Willen des spätabsolutistischen Staates hätten durchsetzen wollen oder können. Die bürgerlich-adelige Füh-
rungselite wirkte vielmehr als Teil der Beamtenschaft im
Staat und durch ihn.

 Sie konnte dabei nahezu bruchlos an Traditionen des
Aufgeklärten Absolutismus anknüpfen, der dem Durchbruch eines modernen Staatsgedankens in Deutschland
bereits vielfach vorgearbeitet hatte. Er beruhte auf einem
säkularisierten Staatsverständnis, hatte in seiner Theorie
das Amt des Herrschers auf einen – allerdings unkündba-
ren – Gesellschaftsvertrag begründet und als Dienst für
das Gemeinwohl begriffen. Die Zentralisierung und Mo-
nopolisierung der Staatsgewalt wurden vorangetrieben,
der Einfluß von autonomen Korporationen und interme-
diären Gewalten in Politik, Rechtsprechung, Verwaltung
und öffentlichem Finanzwesen zurückgedrängt und mit
den weltlichen Funktionen der Kirche auch ihr Besitz in
Frage gestellt. Der Aufgeklärte Absolutismus hatte mit der
Trennung von Justiz und Verwaltung begonnen und so
die allgemeine Gewaltenteilung vorbereitet, in einigen
Ländern die Bauernbefreiung eingeleitet und damit die

Grundlagen der ständischen Agrargesellschaft erschüttert. Die staatlich gelenkte und von fiskalischen Interessen geprägte merkantilistische Wirtschaftspolitik war stellenweise zugunsten moderner Lehren vom höheren ökonomischen Nutzen einer freien Entfaltung der wirtschaftlichen Kräfte modifiziert worden. In den vom Aufgeklärten Absolutismus inaugurierten großen Rechtskodifikationen wird schon von unveräußerlichen Grundrechten gesprochen, und auch wenn diese in den Detailregelungen das alte Recht und die alte Gesellschaftsordnung bewahren sollen, weisen sie in ihren generellen Bestimmungen bereits voraus auf eine freie Bürgergesellschaft, die aber noch in den absoluten Staat eingebettet bleibt.

Dieser Staat verändert seinen Charakter. Er gehört nicht mehr dem Monarchen, sondern der Monarch wird ein Teil des Staates. Die monarchische Souveränität wird zur staatlichen Souveränität, und die Beamten dienen nicht mehr ihrem Herrn, sondern dem Staat. Dieser Staat bleibt jedoch immer absoluter Staat, er duldet keine politische Mitsprache, keine politische Selbstbestimmung einer sich frei entfaltenden Gesellschaft. Das blieb der unaufhebbare Grundwiderspruch zwischen politischer Aufklärung und Aufgeklärtem Absolutismus. Überdies klaffte auch hier eine unübersehbare Lücke zwischen theoretischem Anspruch und politischer Wirklichkeit. Der Aufgeklärte Absolutismus konnte sich vor allem im sozialen Bereich nur begrenzt gegen die Kräfte der ständischen Gesellschaft durchsetzen, deren Ideen in ganz Europa in der zweiten Hälfte des 18. Jahrhunderts eine bemerkenswerte Renaissance erlebten und die in der Habsburger Monarchie sogar die Zurücknahme eines Teils der Reformen Josephs II. durchsetzten. Der Aufgeklärte Absolutismus begründete in Deutschland eine Tradition der »Revolution von oben«. Sie wurde in den Jahren der preußischen und der rheinbündischen Reformen wieder aufgenommen, nachdem zwischenzeitlich unter dem Eindruck der Umwälzungen in

Frankreich Revolutionsangst, Konservativismus und Entscheidungsscheu der um 1800 regierenden deutschen Fürstengeneration die Reformimpulse immer wieder abgebremst hatten. Je deutlicher jedoch die Unterlegenheit des alten Europa wurde, desto mehr setzte sich innerhalb der jetzt in die politische Verantwortung drängenden Verwaltungselite die Überzeugung durch, daß man nur mit einer tiefgreifenden Reform von Staat und Gesellschaft, mit einer veränderten Politik und einem neuen Menschenbild der Herausforderung durch die Revolution begegnen könne.

Der Ausbruch der Französischen Revolution ist von der politischen Öffentlichkeit in Deutschland zunächst mit wärmster Anteilnahme, ja Enthusiasmus begrüßt worden. Diese politische Öffentlichkeit hatte sich in den vorausgegangenen Jahrzehnten langsam entwickelt. Sie konstituierte sich in Orden und Logen, Lesegesellschaften und Klubs, Salons und gesellschaftlichen Kreisen, in denen sich Adel und Bürgertum begegneten und die untereinander durch Korrespondenz und gemeinsame Lektüre politisch-literarischer Aufklärungszeitschriften in Verbindung standen. Hier wurden schon die Ereignisse des amerikanischen Unabhängigkeitskampfes lebhaft erörtert, hier reagierte man geradezu elektrisiert auf die Vorgänge in Paris – freilich mehr in der Rolle eines tief bewegten Zuschauers bei einem großen Drama der Menschheitsgeschichte und nicht so sehr als ein zu eigenem politischen Handeln angespornter Bürger. Ein Strom von »Revolutionspilgern« bewegte sich von Deutschland nach Paris, um dort Zeuge der weltbewegenden Vorgänge zu sein und in Briefen und Zeitschriften davon zu berichten. Das überwiegend positive Echo bei den deutschen Gebildeten, unter denen zunächst nur Goethe eine bemerkenswerte Ausnahme machte, wich aber bald der Skepsis und der radikalen Ablehnung, je mehr die Guillotine den Freiheitsbaum als Symbol der Revolution verdrängte. Jetzt meldeten sich konservative Stimmen zu Wort, die in der Revolution einen vermessenen und von vornherein zum Scheitern verurteilten Versuch sahen, unter radikalem Bruch mit historischen Traditionen und gewachsenen Strukturen ein Gemeinwesen nach abstrakten Prinzipien einer politischen Philosophie neu zu organisieren. Nachdenklich aber wurden auch die Vorläufer des deutschen Liberalismus, die zwischen den gemäßigten Ideen von 1789 und den radikalen Revolutionsforderungen von 1792/93 zu unterscheiden begannen und nach den Gründen für das Scheitern einer so hoffnungsvoll begonnenen Entwicklung fragten. Das vor allem in der deutschen Geschichtsschreibung des Vormärz erkennbare Resultat war auch hier ein tiefer Zweifel gegenüber der Revolution. Sie wurde mehr als Gefahr denn als Lockung verstanden, als von Schuld belastetes Unheil im Leben der Völker, dem im Zweifelsfall noch immer die Aufrechterhaltung von Recht und Ordnung vorzuziehen sei.

Es gab in Deutschland aber auch Publizisten und kleine Zirkel radikaler Intellektueller, die es sich zur Aufgabe machten, die Ideen von Freiheit und Gleichheit unter bewußter Bejahung ihrer revolutionären Konsequenzen in Deutschland zu verbreiten. Von der Polizei bald argwöhnisch beobachtet und schließlich konsequent verfolgt, vermochten diese »deutschen Jakobiner« nur im Untergrund eine begrenzte Wirkung auszuüben. Größere Entfaltungsmöglichkeiten erhielten sie dort, wo sie im Verlauf der Revolutionskriege von der französischen Besatzungsmacht direkt unterstützt wurden, so vor allem links des Rheins, wo sie 1792/93 vorübergehend eine rheinische Republik mit Mainz als Hauptstadt errichten konnten. Die Existenz dieser Republik blieb jedoch wegen der wechselnden Kriegsereignisse prekär, und später waren die Regierungen Frankreichs nicht mehr bereit, die Errichtung einer autonomen linksrheinischen deutschen »Tochterrepublik« zu gestatten oder gar zu fördern. Sie entschieden sich vielmehr für die unmittelbare Eingliederung der Rheinlande nach Frankreich. Als französische Truppen 1796/97 nach Süddeutschland vordrangen, kam es noch einmal zu einem Aufleben des deutschen Jakobinismus; danach jedoch wurde es still um ihn.

Außer der geistigen Unruhe darf auch die soziale Gärung nicht übersehen werden, die bereits im Jahrzehnt vor der Revolution in Teilen Deutschlands herrschte, sich in einer Fülle lokaler Streitigkeiten, Konflikte und Tumulte äußerte und sich um das Jahr 1790 zu Aufruhr und offener Rebellion steigerte. Alte Konflikte zwischen Stadtherren und Bürgern, Patriziern und Handwerkerzünften, Obrigkeit und Volk, Grundherren und Abhängigen über Frondienste, Abgaben und Nutzungsrechte nahmen unter dem Eindruck der revolutionären Ereignisse in Frankreich manchmal den Charakter regelrechter Revolten an. Soweit es sich bisher übersehen läßt, waren diese Unruhen im Rhein-Mosel-Gebiet, am Oberrhein und in Kurhessen besonders verbreitet. Im sächsischen Amt Meißen führte der Aufstand von rd. 2000 Bauern im August 1790 vorübergehend zum Zusammenbruch jeder staatlichen Autorität. In Schlesien hielten die Bauernunruhen, Gesellenaufstände und Weberrevolten bis in das Frühjahr 1793 hinein an. Zeitweilig soll hier die Zahl der Aufständischen 20000 betragen haben, überall glückte es jedoch auf die Dauer der Obrigkeit, mit massivem Einsatz von Truppen die Ruhe wiederherzustellen. Die Revolten rieben sich in kleinräumigen Aktionen auf, sie weiteten sich nirgendwo zu einem Brand aus, der das bestehende Staats- und Gesellschaftssystem ernsthaft hätte in Gefahr bringen können. Die »deutschen Jakobiner« betrieben ihre revolutionäre Propaganda also nicht gänzlich ohne Rückhalt, doch die Zeit war für eine Revolution in Deutschland noch nicht reif. Der Weg zur Verwirklichung des Programms der westeuropäisch-atlantischen Revolution führte hier über den Staat und seine Beamtenschaft und über den Filter ihrer Tätigkeit. Die Chance dafür erhielten die einer grundsätzlichen Reform von Staat und Gesellschaft zuneigenden Teile der Beamtenschaft jedoch erst, als nach der großen territorialen Flurbereinigung der Jahre zwischen 1803 und 1806 ein völliger Neubau der Staatsverwaltung nicht nur in den napoleonischen Modellstaaten, sondern auch in den dringend der inneren Konsolidierung bedürftigen Rheinbundstaaten nötig wurde, und in der Konkurrenz mit dem napoleonischen System gesellschaftliche Reformmaßnahmen geradezu als Voraussetzung des politischen Überlebens erschienen, so ganz besonders im Rumpfstaat Preußen.

Die deutsche Reformpolitik der napoleonischen Zeit berührte tendenziell fast alle Bereiche des öffentlichen und gesellschaftlichen Lebens. Sie begann mit einer allgemeinen Reorganisation der Staatsverwaltung und mündete in die Verfassungsfrage. Sie löste unter dem Stichwort der Bauernbefreiung die Grundlagen der ständischen Gesellschaft auf und öffnete mit der Einführung der Gewerbefreiheit die Tür zum privatkapitalistischen Industriesystem. Sie konnte das mit der ständischen Gesellschaft verwobene Militärwesen ebensowenig unberührt lassen wie das Bildungssystem. Nicht alle deutschen Staaten haben sich der Reformbewegung geöffnet; Gegenbeispiele bieten etwa die mecklenburgischen Herzogtümer und das Königreich Sachsen und vor allem die Habsburger Monarchie, die nach der radikalen Reformpolitik Josephs II. unter dem seit 1792 regierenden Kaiser Franz II. zu einem bewegungsscheuen, obrigkeitsstaatlichen Konservativismus zurückkehrte, noch lange bevor Metternich einen maßgeblichen, wenn auch nie alleinentscheidenden Einfluß auf die österreichische Politik erhielt. Von der Konzeption her war die Reformpolitik in Preußen fraglos am umfassendsten angelegt. Trotz aller Unterschiede der politischen Grundeinstellung und des persönlichen Temperaments war sich der Kreis der Reformer doch einig in dem

Willen, Staat und Gesellschaft nach einem auf Selbstverwirklichung und Selbstverantwortung angelegten Menschenbild grundlegend neu zu formen. Der Widerspruch
zwischen Gewolltem und Erreichtem wurde hier besonders groß, und das nachträgliche Verdikt des Scheiterns
trifft daher auch die preußischen Reformen schneller als
die stärker rationalistischen, pragmatisch am Machbaren
orientierten rheinbündischen Reformen, die im napoleonischen Modellstaat des Königreichs Westphalen, in Baden
und in Bayern ihre exemplarische Gestalt erhielten.

2. Die Entstehung des deutschen Verwaltungsstaats

Unter allen einzelstaatlichen Reformmaßnahmen zeigt
zweifellos die Reorganisation der Staatsverwaltung die
meisten Gemeinsamkeiten. An der Regierungsspitze wurden jetzt durchweg die modernen Fachministerien eingerichtet, was z. B. in Preußen bedeutete, daß das teils nach
dem Sach-, teils nach dem Regionalprinzip strukturierte,
die Funktionen des Innen- und des Finanzministeriums
gleichzeitig wahrnehmende Generaldirektorium aufgelöst
wurde. Auch in anderen Staaten mußte eine Vielzahl von
Hofämtern und Zentralbehörden, die noch aus dem alten
Patrimonialstaat übernommen waren, in das neue System
eingeschmolzen werden. Im Zusammenhang damit wurde
auch die Vielzahl von Kassen aufgelöst, in welchen die
landesherrlichen Einnahmen je nach ihrer Art gesammelt
und zu jeweils besonderen Ausgaben wieder verwendet
wurden. Erst in dieser Zeit setzte sich in den deutschen
Staaten allmählich das Prinzip durch, daß sämtliche Einnahmen und Ausgaben des Staates zentral verwaltet und
nach einem umfassenden Etat veranschlagt und verausgabt
werden. Erst jetzt war eine einigermaßen zuverlässige
Übersicht über den Staatshaushalt und den Stand der
Staatsschulden möglich. Das Steuerwesen wurde verein-

heitlicht, die Unzahl der Abgaben verringert, ihr Gesamtertrag jedoch gesteigert. Man begann außerdem damit, die landesherrlichen Domänen, Forsten und sonstigen Liegenschaften als Staatseigentum zu betrachten und ihre förmliche Trennung vom Privatbesitz des Herrscherhauses vorzunehmen.

Im Zuge dieser Vereinheitlichung der Staatsorganisation wurden aber auch aus dem Ancien Régime überkommene regionale Autonomien, territoriale Sonderrechte und ständische Privilegien weiter eingeschränkt, in den Rheinbundstaaten meist ganz aufgehoben. Die Staaten verloren den Charakter eines Agglomerats unterschiedlicher, durch Erbgang oder Eroberung zusammengebrachter Territorien. Sie entwickelten sich zu einheitlichen Flächenstaaten. Dazu gehörte auch die Beseitigung innerstaatlicher Zollgrenzen und ähnlicher Handelsschranken. Die große territoriale Flurbereinigung zwischen 1803 und 1806 führte damit auch zur Entwicklung größerer Wirtschaftsräume.

Die Zentralverwaltung erhielt einen je nach der Größe des Landes drei- oder vierstufigen Unterbau, wobei die Ressortverteilung in den Mittelbehörden der Abteilungsgliederung im Innenministerium entsprach, ein klarer Instanzenzug also möglich wurde. Die Rechtsprechung wurde von der Verwaltung getrennt. In der Binnenstruktur der Verwaltung kam es zu einer unterschiedlichen Entwicklung: Preußen hielt an dem Prinzip kollegialer Verantwortung der Räte einer Behörde für deren Entscheidungen fest und brachte so ein Element des Räsonnements, der wechselseitigen Kritik und Belehrung sowie des kollektiven Selbstbewußtseins in die Verwaltung. In den Rheinbundstaaten dagegen setzte sich nach französischem Vorbild weitgehend die Tendenz zu Alleinverantwortlichkeit, Hierarchisierung und betonter Weisungsgebundenheit der jeweils nachgeordneten Instanz durch. Hier kam es darüber hinaus zu einer Verstaatlichung der Verwaltung bis in den lokalen Bereich, während in Preußen die Verwaltungsreform schon auf der Regierungsebene steckenblieb; für die Städte wurde zwar eine zukunftsweisende, das Prinzip der Selbstverwaltung verwirklichende Städteordnung verkündet, eine neue Landgemeindeordnung kam jedoch nicht zustande, und in den Kreisen behauptete der eingesessene Grundadel das Recht, den Landrat zu stellen. Hardenberg scheiterte 1812 mit dem Versuch, im Rahmen des »Gendarmerie-Edikts« dem Grundadel das faktische Verwaltungsmonopol auf dem Land zu entwinden und seine lokalen Herrschaftsbefugnisse entscheidend zu schwächen. Das war ein erster schwerer Rückschlag für die Reformpolitik überhaupt und führte in Preußen bis weit in die zweite Hälfte des 19. Jahrhunderts hinein zu einem »Versickern der Staatsmacht auf dem Lande«.[3]

Mit der Reorganisation der Verwaltung war eine beträchtliche Ausweitung der Staatstätigkeit verbunden. Der Staat übernahm die Aufsicht und Kontrolle über zahlreiche, vorher der individuellen oder korporativen Eigeninitiative überlassene Gebiete, und es entwickelte sich generell eine Tendenz zur Bürokratisierung aller Lebensbereiche. Die Kritik an einer als lebensfern und überheblich empfundenen, hinter Aktenbergen sich verschanzenden und darin untergehenden Bürokratie sollte sich zu einem Hauptelement des Mißvergnügens im Vormärz entwickeln.

Die Entstehung des deutschen Verwaltungsstaats in der Reformzeit spiegelt sich vor allem auch im veränderten Status der Beamtenschaft wider. Die Beamten waren nicht mehr nach Willkür zu behandelnde Diener ihres Landesherrn, sondern unabsetzbare Teilhaber der öffentlichen Gewalt. Der Staat garantierte ihnen auf Lebenszeit ein auskömmliches, in der Regel sogar recht gutes Gehalt, um sie von Nebenbeschäftigung unabhängig und gegen Bestechlichkeit weniger anfällig zu machen. Es entstanden Dienstpragmatiken, Laufbahnvorschriften, Prüfungsordnungen und das ganze bis heute wenig veränderte System der Staatsexamina. Der darin liegenden Tendenz zur Konkurrenz, zum Leistungsprinzip und zur Objektivierung der Anstellungsvoraussetzungen konnte sich auch der in den Staatsdienst drängende Adel nicht entziehen, auch wenn seine Aufstiegschancen besser blieben. Die Höheren Schulen und die Universitäten wurden weitgehend zu Stätten der Selbstergänzung der Beamtenschaft. Das Beamtenrecht, mit dessen Kodifizierung die Rheinbundstaaten Preußen vorangingen, zielte tendenziell auf die totale Erfassung der Beamtenschaft als sozialer Gruppe. Es gab ihr eine in vieler Hinsicht bevorzugte Stellung, verlangte als Äquivalent für die Fürsorge des Staates aber auch die unbedingte Treue und Hingabe des Beamten. Privilegierung und Disziplinierung des Beamtenstandes waren miteinander verflochten. Deutschland wurde zu Beginn des 19. Jahrhunderts zum klassischen Land des Berufsbeamtentums. Der privilegierte Status der Beamten war zunächst auf die verhältnismäßig schmale Schicht der akademisch gebildeten Räte beschränkt, strahlte aber auch auf die unteren Dienstränge aus und wurde allmählich auch förmlich auf sie ausgedehnt. Der Verwaltungsstaat ist vermutlich das dauerhafteste Erbe der Reformperiode bis in unsere Zeit hinein.

3. Die Auflösung der ständischen Sozialverfassung: Bauernbefreiung, Judenemanzipation, Wirtschaftsliberalismus

Die deutschen Staaten wurden zu Beginn des 19. Jahrhunderts noch von der Agrargesellschaft geprägt. Rund 80% der Menschen lebten auf dem Lande, etwa zwei Drittel waren in bäuerlichen Berufen tätig. Witterung und Ernteertrag bestimmten das Dasein der ganzen Bevölkerung, weil die Nahrungsmittelpreise auf jede Mißernte sensibel reagierten. Ein großräumiger Ausgleich zwischen Überschuß- und Mangelgebieten war angesichts der damaligen Transportmöglichkeiten nur sehr begrenzt möglich. Im letzten Viertel des 18. Jahrhunderts war die Lage der deutschen Landwirtschaft durch eine gute Preiskonjunktur gekennzeichnet. Infolge des starken Bevölkerungswachstums in ganz Europa stiegen die Preise der Nahrungsmittel, wovon besonders die für den Markt produzierenden großen Güter und Höfe profitierten, während sich die Lage der kleineren abhängigen Bauern infolge des Bevölkerungszuwachses eher verschlechterte. Auch die Masse der städtischen Bevölkerung litt unter der Verteuerung der Lebensmittel.

Durch die glänzende Agrarkonjunktur wurden Kräfte freigesetzt, welche die ständisch gebundene Sozialverfassung vor allem im ostelbischen Deutschland aushöhlten. Landwirtschaftlicher Besitz galt jetzt als beste Kapitalanlage, es begann ein lebhafter, zum Teil ausgesprochen spekulative Züge annehmender Handel mit Gütern, deren Preise im Vergleich zur Jahrhundertmitte um das Drei- bis Fünffache stiegen. An diesem Handel beteiligte sich auch das Bürgertum, obwohl das 1794 verkündete Allgemeine Landrecht noch strikt daran festgehalten hatte, daß jeder der drei Stände im preußischen Staat (Adel, Bürgertum, Bauern) einen speziell ihm zugewiesenen Platz in der ständisch gegliederten Gesellschaft habe, daß demgemäß Adelige und Bauern keine bürgerlichen Berufe ausüben, Bürger keinen landwirtschaftlichen Betrieb übernehmen dürften. Mit dem immer häufiger werdenden Besitzwechsel und der Kommerzialisierung der Landwirtschaft überhaupt wurden die soziale Basis und die ideelle Rechtfertigung der gutsherrlich-bäuerlichen Schutz- und Abhängigkeitsverhältnisse untergraben. Überdies wurde auch erkannt, daß die Bewirtschaftung der Ländereien mit dienstpflichtigen, erbuntertänigen Bauern unrentabler war als die Anwerbung freier Landarbeiter, daß der Flurzwang im Rahmen der allgemein noch üblichen Dreifelderwirtschaft eine von Initiative und Interesse des Eigentümers geprägte Intensivierung der Bewirtschaftung ebenso hemmte wie die gemeinwirtschaftliche Nutzung der Allmende. Außerdem war es schließlich eine Grundforderung der politischen Aufklärung, daß auch der Bauer ein Recht darauf habe, aus der Abhängigkeit in die Freiheit entlassen zu werden. So begann die *Bauernbefreiung* in Preußen schon im Jahre 1777, als die Bauern auf den königlichen Domänen die persönliche Freiheit erhielten. In Österreich wurde die Leibeigenschaft 1781, in Baden 1783 beseitigt.

Bei der Reform der ländlichen Sozialverfassung mußten Preußen und die Rheinbundstaaten von unterschiedlichen Voraussetzungen ausgehen. In Preußen herrschte das System der Gutsherrschaft vor, das sich seit dem späten Mittelalter im ostelbischen Deutschland herausgebildet hatte: Hier bewirtschaftete der Grundherr den größten Teil seines Besitzes selber mit Hilfe der zu diesem Dienst verpflichteten, an den Boden gebundenen Erbuntertänigen, die ihrerseits einen ebenfalls im Obereigentum des Herren stehenden größeren oder kleineren Hof mit mehr oder weniger gutem Besitzrecht zur Eigenversorgung hatten, zum großen Teil aber auch schon landlos waren. Von diesem System der Gutsherrschaft, die von den Bauern vorwiegend Dienste verlangte, unterschied sich das System der Grundherrschaft vor allem dadurch, daß hier die Grundherren (häufig auch Städte, Klöster, Landesherren usw.) ihren Besitz in der Regel nicht selber bewirtschafteten und von den Bauern demgemäß nicht Dienste, sondern Abgaben in Form von Naturalien oder Geld forderten. Frondienste wurden hier vor allem noch für den Wegebau und andere Gemeinschaftsaufgaben verlangt. Die tatsächliche Beschränkung der persönlichen Freiheit und der Besitzrechte war hier in der Regel nur noch gering. Innerhalb der Gebiete mit Grundherrschaft gab es insofern zusätzlich große Unterschiede in der ländlichen Sozialstruktur, als im Nordwesten und Südosten Deutschlands das Anerbenrecht galt, welches die Entstehung großer Einzelhöfe begünstigt, in den anderen Gegenden jedoch das Prinzip der Realteilung, welche die Zersplitterung des Grundbesitzes und die Entwicklung zahlreicher Kleinbetriebe zur Folge hat.

Mit dem Edikt über die Bauernbefreiung vom 9. Oktober 1807 leitete das wenige Tage zuvor gebildete Ministerium Stein die Epoche der Reformen in Preußen ein. Es gab allen Bewohnern des preußischen Staates bis spätestens zum Martini-Tag (11. November) 1810 die volle persönliche Freiheit. Umzug an einen anderen Ort, Berufswahl, Heirat und anderes mehr waren jetzt nicht mehr an die Zustimmung eines Gutsherrn gebunden. Der Gesindezwangsdienst wurde aufgehoben, doch fielen zugleich auch die Schutz- und Hilfsverpflichtungen fort, auf die der Untertänige im Fall von Not, Unglück und Mißernte Anspruch gehabt hatte. Die Bauern waren damit jedoch noch nicht Eigentümer von Haus und Hof, Grund und Boden geworden, und es wurden deshalb auch in den Ausführungserlassen zum Oktober-Edikt Regelungen zum Bauernschutz angeordnet, um die Einziehung bäuerlichen Landes zu den Gutswirtschaften in Grenzen zu halten und den Fortbestand eines selbständigen Bauerntums zu sichern. (Mecklenburg bietet in der damaligen Zeit das abschreckende Beispiel für ein systematisch betriebenes »Bauernlegen« durch den Grundadel.) Ebenso wie die Eigentumsrechte des Gutsherrn blieben auch seine öffentlich-rechtlichen Funktionen durch das Oktober-Edikt unberührt. Er blieb Träger der Patrimonialgerichtsbarkeit und der lokalen Polizeigewalt, er behielt das Kirchenpatronat und das Jagdrecht auf dem Bauernland, und auch die Grundsteuerfreiheit des Adels wurde nicht angetastet. Das Oktober-Edikt war insofern nicht mehr als ein erster Schritt zur Reform der gutsherrlich-bäuerlichen Verhältnisse. Nicht weniger wichtig als die Verkündigung der persönlichen Freiheit war aber, daß mit dem

Oktober-Edikt auch die Befreiung des Güterverkehrs von allen Beschränkungen und die Freiheit der Berufswahl für alle Stände ausgesprochen wurde. Damit förderte es die weitere Kommerzialisierung der Landwirtschaft, schuf die Voraussetzung für Freizügigkeit und soziale Mobilität und trieb den Abbau der ständischen Gesellschaftsschranken voran, die das Allgemeine Landrecht noch einmal hatte konservieren sollen.

Im linksrheinischen Deutschland waren die Reste persönlicher Unfreiheit mit der Einführung der französischen Gesetzgebung im Verlauf der Revolutionskriege beseitigt worden. Die napoleonischen Modellstaaten im rechtsrheinischen Deutschland folgten diesem Beispiel sofort nach ihrer Gründung, die anderen Rheinbundstaaten mit zum Teil erheblicher Verzögerung: In Baden war die Leibeigenschaft sogar schon 1783 beseitigt worden, und Bayern hob sie mit der Verkündigung der Verfassung von 1808 auf, während es Württemberg und Sachsen bei der Regelung beließen, daß Leibeigenschaftsabgaben gegen Geldzahlung ablösbar waren.

Ungleich schwieriger und konfliktträchtiger als die Verkündigung der persönlichen Freiheit war die Regelung der Eigentumsverhältnisse auf dem Lande. In Preußen und in den Rheinbundstaaten war man sich darin einig, daß das guts- oder grundherrliche Obereigentum am Bauernland nicht ohne Entschädigung aufgehoben werden dürfe, daß es vielmehr unter die grundrechtliche Garantie des Privateigentums falle, zu der sich das preußische Allgemeine Landrecht ebenso bekannte wie der Code Napoléon. Das war insofern nicht unproblematisch, als die gutsherrlichbäuerlichen Verhältnisse in ihrer Entstehung nicht auf einem privatrechtlichen Pachtverhältnis beruhten. Sie bildeten vielmehr den Kern einer herrschaftlichen, auf den wechselseitigen Rechten und Pflichten der Feudalgesellschaft aufgebauten Arbeitsverfassung, deren Herrenrecht jetzt in bürgerliches Besitzrecht umgedeutet wurde. In den

Rheinbundstaaten suchte man insgesamt den Weg zu gehen, daß privatrechtlich begründete Verpflichtungen gegen Entschädigung abgelöst werden mußten, während Feudalabgaben im engeren Sinn entschädigungslos fortfallen sollten. Welche der unzähligen Abgaben oder Dienstpflichten der einen, welche der anderen Art zuzuzählen seien, war jedoch im einzelnen häufig nicht zu entscheiden, so daß sich der Ablösungsvorgang gerade in den napoleonischen Modellstaaten bald in einer Fülle immer neuer Verordnungen und Prozesse verfing. Auch in den anderen Rheinbundstaaten änderte sich für die konkrete Situation der Bauern in der napoleonischen Zeit sehr wenig, und die endgültige Ablösung der Grundlasten blieb hier ein langwieriger, in den einzelnen Staaten mit unterschiedlichen Etappen ablaufender Vorgang, der erst während der Revolution von 1848/49 eine endgültige gesetzliche Regelung fand.

Einen anderen Weg ging das Ministerium Hardenberg, das die Eigentumsfrage in Preußen zu lösen hatte. Es entschied sich nach einigem Zögern für ein Pauschalverfahren und setzte im Regulierungsedikt vom 14. September 1811 fest, daß Bauern mit vererbbarem Besitzrecht ein Drittel, Bauern mit zeitlich begrenztem Besitzrecht die Hälfte ihres Bodens als Äquivalent für die Übertragung des vollen Eigentumsrechts abzutreten hatten. Angesichts der bald wieder ausbrechenden Kriegshandlungen kam dieses Edikt zunächst aber kaum zur Anwendung, und im Jahre 1816 wurde es auf die größeren und schon seit der Mitte des 18. Jahrhunderts bestehenden Höfe eingeschränkt, während für die anderen Betriebe dann noch schrittweise besondere Ablösungsordnungen erlassen werden mußten.

Daß sich Hardenberg im Jahre 1811 zu einem so radikalen, von Gewaltsamkeit nicht freien, wie es schien, aber einigermaßen schnell durchführbaren Schritt entschloß, lag vor allem an seinem Bestreben, die im Grund und

Boden der preußischen Monarchie liegenden volkswirtschaftlichen Reserven zu mobilisieren. So wurde zusammen mit dem Regulierungs- auch ein Landeskulturedikt erlassen, das unter maßgeblicher Mitwirkung des bedeutendsten Agrarwissenschaftlers der Zeit, Albrecht Thaers, ausgearbeitet worden war und auf eine allgemeine Intensivierung und Verbesserung der preußischen Agrarwirtschaft zielte. Auch die Verkündigung der allgemeinen Gewerbefreiheit durch das Ministerium Hardenberg hatte nicht zuletzt den Zweck, Handwerk und Gewerbe auch auf dem Land zu beleben. Das Regulierungsedikt ordnet sich mithin in eine umfassende liberale wirtschaftspolitische Strategie ein, die letztlich zu einer Erhöhung der staatlichen Finanzkraft und damit zum politischen Wiederaufstieg Preußens beitragen sollte.

Die Gesamtbilanz der durch die preußische Bauernbefreiung ausgelösten Besitzverschiebungen ist wegen unzuverlässiger statistischer Unterlagen bis heute umstritten. Sie müßte für jede preußische Provinz anders aussehen. Insgesamt scheint die Zahl der selbständigen Bauernwirtschaften im ostelbischen Preußen zwischen 1816 und 1849 nur unwesentlich (um etwa 2%) gesunken, ihr Anteil an der landwirtschaftlichen Betriebsfläche nur um etwa 3% zurückgegangen zu sein, weil das Edikt von 1816 die Zahl der regulierungsfähigen Bauern erheblich begrenzte und weil den bäuerlichen Landverlusten auch ein Zuwachs infolge der Aufteilung der dörflichen Gemeinbesitzungen gegenüberstand (ein Scheingewinn, der nicht eigentlich als Entschädigung für die Regulierungsverluste verbucht werden darf). Erheblich zugenommen hat die Zahl der kleinbäuerlichen Stellen (in der Provinz Pommern z. B. um mehr als 200%). Hier hat die Auflösung der gebundenen Agrarverfassung also offenbar zu einer erheblichen Besitzzersplitterung geführt. Am stärksten angewachsen ist die unterbäuerliche Schicht des Gesindes, der Tagelöhner, der Holzhauer, der Straßenarbeiter und dergleichen: Hier kam das allgemeine Bevölkerungswachstum besonders stark zum Tragen. Infolge der Aufteilung des dörflichen Gemeineigentums, die ihr die Möglichkeit zu bescheidener Nutzviehhaltung nahm, und infolge des Fortfalls der gutsherrlichen Unterstützungspflicht war die soziale Lage dieser unterbäuerlichen Schicht in Krisenzeiten besonders prekär – die ältere Auffassung, daß diese Schicht landloser, unterbäuerlicher Armut erst infolge der Bauernbefreiung entstanden sei, ist längst nicht mehr haltbar.

Eindeutiger Gewinner der Agrarreform war der adelige Großgrundbesitz. Er profitierte von den bäuerlichen Landabtretungen, den Ablösungszahlungen und in sehr starkem Maß auch von den Gemeinheitsteilungen, bei denen er die Bauern häufig auf die schlechteren Böden abdrängen konnte. Er konsolidierte seinen Besitz, war von den Unterhaltsverpflichtungen gegenüber den erbuntertänigen Bauern befreit, behauptete aber gleichwohl einen wesentlichen Teil seiner Privilegien und gewann die Möglichkeit zu einer ertragsorientierten, kommerzialisierten und rationalisierten Betriebsführung. Die hierzu notwendigen Investitionen erleichterten ihm die ritterschaftlichen Kreditinstitute, zu denen der Bauer keinen Zugang hatte. Die Lohnkosten, die infolge des Fortfalls der bäuerlichen Dienstverpflichtungen entstanden, hielten sich demgegenüber in Grenzen. Infolge des starken Bevölkerungswachstums stand immer ein reichliches Angebot billiger Arbeitskräfte zur Verfügung. Auch in dem neuen rechtlichen Rahmen konnte die alte Sozialbindung zwischen Gutsherrn und Dorfbevölkerung fortbestehen. Wie weit das der Fall war, ließe sich nur am jeweils konkreten Beispiel entscheiden.

Den preußischen Agrarreformen folgte eine Phase des Landesausbaus. Zur Steigerung der Erträge wurde in großem Umfang bisheriges Ödland kultiviert und unter den Pflug genommen. Bis 1865 verdoppelte sich die Ackerfläche in Preußen, der Anteil des Ödlandes ging von 40%

auf 7% zurück, und die Produktion nahm zunächst infolge der Ausweitung der Ackerfläche, dann auch infolge einer erheblichen Steigerung der Hektarerträge stärker zu als die Bevölkerung. Die Landwirtschaft war in der Lage, die in die Städte abwandernden Menschen zu ernähren – eine wesentliche Voraussetzung für den späteren Industrialisierungsprozeß.

In den vormaligen Rheinbundstaaten wurde die Ablösungsgesetzgebung in der Regel erst nach 1815 in die Wege geleitet. Sie unterschied sich von dem preußischen Verfahren vor allem dadurch, daß nirgends eine generelle Landabtretung gefordert wurde, daß die aufzuhebenden Abgaben und Leistungen vielmehr kapitalisiert wurden (meist mit dem Zwanzig- bis Fünfundzwanzigfachen des Jahresertrags) und dann über längere Zeiträume hinweg abgetragen werden konnten. In einigen Ländern half auch der Staat mit verbilligten Krediten oder durch Übernahme eines Teils der Lasten. Trotzdem stellten die Ablösungszahlungen für viele Kleinbetriebe eine erhebliche Belastung dar, die noch in den bäuerlichen Unruhen der Revolution von 1848 zum Ausdruck kam. Den ehemaligen Grundherren floß mit den Ablösungssummen über Jahrzehnte hinweg verteilt ein kontinuierlicher Kapitalstrom zu, der sich bei den großen Standesherrschaften auf Millionenbeträge summierte. Die Ablösungskapitalien wurden meist zur Entschuldung und zum Ankauf neuer Grundstücke verwendet oder in festverzinslichen Staatspapieren angelegt, nicht aber in industrielle Unternehmungen investiert.

Ähnlich wie in Preußen hat der Adel auch im rheinbündischen Deutschland seine soziale Stellung behaupten können, auch wenn er sich hier dem Postulat der bürgerlichen Rechtsgleichheit beugen und deshalb auf seine Privilegien verzichten mußte. Eine Sonderstellung erhielten hier die ehemals reichsfürstlichen Familien, die bei der Gründung des Rheinbundes mediatisiert worden waren, denen aber in der Rheinbundakte eine Reihe hoheitlicher Rechte auf den Gebieten der unteren Verwaltung und Rechtsprechung sowie der Besteuerung garantiert worden war. Als sog. Standesherren konnten sie diese bevorzugte Stellung auch noch nach 1815 behaupten. Ähnliche Vorzüge genossen die französischen Würdenträger, die Napoleon vor allem im Königreich Westphalen aus Staatsbesitz mit großen Dotationen ausgestattet hatte. –

In den Rahmen der Befreiungsgesetze gehört auch das Problem der *Judenemanzipation*. Wie in ganz Europa, lebten die Juden auch in den Staaten des deutschen Reichs als geduldete Außenseiter der Gesellschaft mit einem sehr unsicheren rechtlichen Status. Daher war es bereits ein gewisser Fortschritt, wenn das preußische General-Juden-Reglement des Jahres 1750 das Judenrecht wenigstens eindeutig kodifizierte, mochte es auch unter den Juden erhebliche Ungleichheiten festschreiben, große finanzielle Belastungen mit sich bringen und die soziale und rechtliche Lage der ärmeren Juden nicht verbessern. Gesetzlich verankerte rassische Diskriminierung gab es im älteren Europa aber nicht. Mit dem Übertritt zum Christentum fielen die rechtlichen Schranken der Emanzipation fort. Im Finanzwesen des spätabsolutistischen Staates, in der Wirtschaft und im geistig-kulturellen Leben der bürgerlichen Welt spielten einzelne Juden und Jüdinnen eine hervorragende und allgemein anerkannte Rolle, ganz besonders in Berlin. Ein preußischer Diplomat und Verwaltungsbeamter forderte bereits 1781 auf der Basis der Grundgedanken der Aufklärung die Aufhebung aller Vorschriften, welche die völlige Assimilierung der Juden an ihre Umwelt bisher verhindert hatten, und ihre völlige Eingliederung in die menschliche Gemeinschaft.

Nach dem Vorbild des revolutionären Frankreich verkündigte das Königreich Westphalen als erster und für lange Zeit einziger deutscher Staat im Jahre 1808 die uneingeschränkte rechtliche Gleichstellung der Juden, während

Napoleon schon zwei Monate später den Juden in den östlichen Departements Frankreichs wieder Beschränkungen hinsichtlich ihrer Betätigung im Handel auferlegte. Die Judengesetzgebung der Rheinbundstaaten bewegte sich auf einer breiten Skala zwischen Emanzipation und Restriktion. Baden öffnete den Juden zwar den Weg in die bürgerliche Gesellschaft, machte die Emanzipation jedoch von der Assimilation abhängig. Von den Kindern wurde der Besuch öffentlicher Schulen erwartet; Erwachsene durften nicht allein vom Kleinhandel leben, sondern mußten einen »ordentlichen« Beruf in Landwirtschaft oder Handwerk ausüben. In Bayern blieben den Juden wichtige bürgerliche Rechte vorenthalten, und auch die Ausübung bestimmter Gewerbe wurde ihnen nicht gestattet. Das Grundrecht auf Glaubens- und Gewissensfreiheit wurde jetzt aber auch ihnen zuerkannt, und sie erhielten die Möglichkeit zur Errichtung eigener Schulen. Württemberg erließ überhaupt erst 1828 ein Gesetz über die Rechtsstellung der Juden. Das preußische Emanzipationsgesetz vom März 1812 gab den Juden in den alten Provinzen die fast uneingeschränkte rechtliche Gleichheit. Verschlossen blieben ihnen lediglich die Offizierslaufbahn und der höhere Staatsdienst in Justiz und Verwaltung. Auf die 1813/15 wiedergewonnenen ehemals polnischen Gebiete mit besonders hohem jüdischem Bevölkerungsanteil wurde dieses Gesetz allerdings nicht ausgedehnt.

Obwohl der Wiener Kongreß in der Bundesakte die Notwendigkeit eines gleichmäßigen Judenrechtes für Deutschland ausdrücklich anerkannt hatte, kam es im illiberalen Klima der Restaurationszeit eher zu Rückschlägen als zu Fortschritten in der »Judenfrage«. Der Gedanke, daß Assimilation durch Erziehungsgesetze der Emanzipation vorauszugehen habe, blieb vorherrschend, und in der Öffentlichkeit brachten sich antijüdische Vorurteile wieder stärker zur Geltung. Daß Juden nach wie vor bei wirtschaftlichen Schwierigkeiten als Sündenböcke herhalten mußten, zeigte sich in bestürzender Weise in den Ausschreitungen der kleinbürgerlich-bäuerlichen »Hep!-Hep!-Bewegung« des Jahres 1819. Nachdem bereits die deutsche Nationalversammlung der Revolution von 1848/49 den Juden die völlige Rechtsgleichheit hatte zubilligen wollen, erhielten sie diese endgültig erst im Zusammenhang der Reichsgründung von 1866/71 – nur wenige Jahre, bevor der rassische Antisemitismus aufzutreten begann.

Die im Oktoberedikt von 1807 verkündete Freiheit der Berufswahl wurde in der Zeit Hardenbergs durch Einführung der allgemeinen Gewerbefreiheit im Jahre 1810 ergänzt. Die Zünfte verloren dabei alle Zwangsrechte, bestanden jedoch als private Assoziationen fort. Der Königsberger Nationalökonom Christian Jakob Kraus hatte dem Kreis späterer preußischer Reformer bereits frühzeitig den *Wirtschaftsliberalismus* Adam Smiths nahegebracht. Arbeitsteilung, Freihandel und wohlverstandenes Eigeninteresse ermöglichten danach im Rahmen einer ohne staatliche Eingriffe sich frei entfaltenden Gesellschaft ein Höchstmaß von individueller und allgemeiner Wohlfahrt. In diesem Sinne war die Einführung der Gewerbefreiheit nur ein Teil der auf Belebung der preußischen Wirtschaft ausgerichteten Modernisierungspolitik Hardenbergs. Sie sollte vor allem die Entwicklung der gewerblichen Tätigkeit auf dem Lande fördern, zeigte zunächst aber nur wenig Wirkung. Das lag einerseits an den bald wieder ausbrechenden Kriegsereignissen sowie an der langanhaltenden Depression der Nachkriegszeit. Außerdem hatte sich das »platte Land« mit den wichtigsten handwerklichen Produkten schon immer selber versorgt, Heimarbeit für einen sog. Verleger war als wichtigste Form des Nebenerwerbs für die in der Landwirtschaft nur unregelmäßig Beschäftigten schon vorher üblich; Verlage, Manufakturen, Fabrikbetriebe, Brauereien und dergleichen standen ohnehin außerhalb der Zunftordnung. So kam es in Preußen wohl zu einer Zunahme der Handwerksbetriebe bei gleichzeitiger Verringerung der Betriebsgröße und zu einem beträchtlichen Zuwachs vor allem im Bereich des Kleinhandels – eine wesentliche Zunahme der Gewerbetätigkeit oder gar entscheidende Impulse für die Industrialisierung sind von der Einführung der Gewerbefreiheit in Preußen jedoch nicht ausgegangen. Von den Rheinbundstaaten gingen nur Berg und Westphalen nach französischem Vorbild zur Gewerbefreiheit über, während die übrigen von einer generellen Liberalisierung der Wirtschaftsverfassung absahen. Eine gezielte Förderung der Industrialisierung durch die Regierungen erfolgte auch hier nicht.

Wie wirkte sich in diesem Zusammenhang die Kontinentalsperre aus? Napoleons Versuch, England durch eine vollständige Unterbindung der Handelsbeziehungen zum Kontinent wirtschaftlich zu ruinieren, und die entsprechenden englischen Gegenmaßnahmen beeinträchtigten zunächst vor allem den Export von Agrarerzeugnissen. Es kam zu einem Verfall der Getreidepreise. Vor allem in Preußen gerieten viele hoch verschuldete Güter in ernsthafte Schwierigkeiten, und die Regierung sah sich daher gezwungen, im Widerspruch eigentlich zu ihren Wirtschaftsprinzipien ein generelles Zahlungsmoratorium für Grundschulden zu erlassen. Im gewerblichen Bereich mußte vor allem die ohnehin schon im Niedergang begriffene Leinenproduktion erhebliche Einbußen hinnehmen, da ihr die traditionellen Absatzmärkte in Südamerika verlorengingen. Die Baumwollindustrie dagegen blühte, vom englischen Konkurrenzdruck befreit, weiter auf, obwohl sie sich ihren Rohstoff nur relativ teuer und in unzureichender Menge aus dem Balkan und der Türkei beschaffen konnte. So entstand in relativ kurzer Zeit vor allem in Sachsen und in Niederösterreich eine Baumwollindustrie, die in der Spinnerei schon weitgehend mechanisiert war, hinter dem englischen Produktivitätsstandard aber immer noch weit zurückblieb. Einen ausgeprägten Aufschwung erlebte auch die Kleineisenindustrie des Großherzogtums Berg, und als Beispiel für einen infolge der Kontinentalsperre aufblühenden Gewerbezweig ist auch die Zuckerrübenindustrie zu nennen. Insgesamt dürften sich die positiven und die negativen Auswirkungen der Kontinentalsperre auf die gewerbliche Wirtschaft des rechtsrheinischen Deutschland in etwa die Waage halten, und auch die Handelsbeziehungen verschoben sich mehr auf die kontinentaleuropäischen Verflechtungen, als daß sie generell zurückgingen.

Im linksrheinischen Deutschland jedoch profitierten Handel und Gewerbe ausgesprochen von der Zugehörigkeit zum großen französischen Wirtschaftsraum und der protektionistischen Zollpolitik Napoleons, welche die französische Wirtschaft auch zu Lasten seiner Verbündeten schützen und fördern sollte. So kam es hier zu einer Phase ausgeprägter wirtschaftlicher Prosperität und großbürgerlicher Vermögensbildung sowie zur Entwicklung eines frühindustriellen Unternehmertums. Im übrigen zeigte sich bald, daß das Kontinentalsystem in voller Schärfe nicht aufrechtzuerhalten war. Zum einen erwies es sich als unmöglich, die langen Küsten des Kontinents von der Nord- und Ostsee bis zum Mittelmeer völlig gegen das Einsickern englischer Waren abzuschotten. Vor allem der Schmuggel mit Kolonialwaren hielt überall an und brachte hohe Gewinne. Zum anderen litt auch die französische Agrarwirtschaft unter der Exportsperre, während gleichzeitig Importwaren wie z. B. Rohbaumwolle, Kaffee und Zucker stark vermißt wurden. Daher ging Napoleon schon 1810 wieder dazu über, gegen sehr hohe Lizenzgebühren und mit gewissen Einschränkungen den Handel mit England unter neutraler Flagge zu gestatten. In den von Napoleon abhängigen Staaten flossen die damit verbundenen Einnahmen in deren Kasse, was Preußen überhaupt erst die Bezahlung der französischen Kriegskontributionen ermöglichte, die Importwaren aber entsprechend verteuerte. Insgesamt schien das kontinentale Europa gegen Ende der napoleonischen Herrschaft auf dem Weg zu einem großen, durch innere Zollschranken auf die Interessen Frankreichs ausgerichteten und merkantilistisch geprägten Wirtschaftsraum zu sein.

4. Reformen im Bildungswesen

Als Teil einer umfassenden Gesellschaftsreform war auch die Neuordnung des preußischen Bildungswesens konzipiert, die unter Leitung Wilhelm v. Humboldts im Jahre 1809 in Angriff genommen wurde. Der dem ganzen preußischen Reformerkreis gemeinsame idealistische Impetus wird nirgends so deutlich wie hier, der Einfluß der zeitgenössischen Philosophie (besonders Fichtes) und der damaligen Reformpädagogik (namentlich Pestalozzis) ist unmittelbar zu spüren. Humboldt und seine Mitarbeiter gingen von einem im Verhältnis zum damaligen deutschen Bildungswesen revolutionären Grundgedanken aus: der Forderung nach der nationalen Einheitsschule. Alle speziellen bürgerlichen oder adeligen Bildungsanstalten sollten verschwinden, das Bildungsangebot für alle Bevölkerungsschichten sollte das gleiche sein, das Bildungswesen nur noch in die drei Stufen der Elementarschule, des Gymnasiums und der Universität gegliedert sein, der individuelle Bildungsstand sich allein nach der Dauer des Schulbesuchs richten. Dabei war die Entfaltung der jeweils besonderen Anlagen des Kindes in den Vordergrund zu stellen, die Entwicklung des selbständigen Ausdrucks-, Denk- und Lernvermögens, der Nachvollzug schließlich der bislang vollkommensten Form von Menschenbildung durch Beschäftigung mit den Sprachen des klassischen Altertums, besonders des Griechischen. Jede Form von praktischer Berufsvorbereitung wollte man aus der allgemeinbildenden Schule verbannen und auf spezielle Ausbildungseinrichtungen übertragen. Die Universität schließlich sollte nach den Prinzipien der Freiheit der Wissenschaft und der Einheit von Forschung und Lehre neu gestaltet werden, die Studenten durch selbständiges forschendes Lernen am lebendigen Fortgang des wissenschaftlichen Erkenntnisprozesses beteiligt sein. Unter Verweis auf die Universalität, die Einheit und Unteilbarkeit von Wissenschaft wurde die Errichtung fachspezifischer Ausbildungsakademien nach französischem Vorbild abgelehnt. Staatliche Aufsichtsrechte und korporative Autonomie der Universität sollten in einem ausgewogenen Verhältnis zueinander stehen.

Humboldt und seine Mitarbeiter waren sich darüber im klaren, daß sie diesen großen Entwurf nicht sofort und nicht ohne Kompromisse würden durchsetzen können. Die Ergebnisse blieben dann aber doch weit hinter ihren Erwartungen und Konzeptionen zurück. Im Bereich der Elementarschule, die für Humboldt während seiner nur gut einjährigen Amtszeit nicht weniger wichtig war als das Gymnasium, konnten nur die ersten Ansätze für eine halbwegs geregelte staatliche Lehrerausbildung verwirklicht werden. Den Schulalltag prägte vorerst aber weiterhin die dörfliche Einklassenschule in der Trägerschaft der jeweiligen Orts- und Gutsobrigkeit mit ungenügend durchgeführter Schulpflicht und jämmerlich bezahlten, kaum vorgebildeten Lehrern. Bei den höheren Schulen zeigte sich, daß nur relativ wenige Anstalten von der Fähigkeit des Lehrkörpers und der Schülerkapazität her in der Lage waren, den sehr hohen Ansprüchen des Abiturreglements von 1812 zu entsprechen. Die Folge war, daß eine große Zahl von Bürgerschulen zu zweitrangigen Kümmerexistenzen herabsank und die bis zum Abitur führenden Gymnasien sich auf die wenigen größeren Städte, vor allem die Verwaltungszentren, konzentrierten. Das Bildungsangebot verbesserte sich in der Qualität, verlor jedoch an Breite. Außerdem entwickelte sich das Gymnasium im Unterschied zu Humboldts Konzeption zu einer sozial relativ abgegrenzten Schule des Staates und der gebildeten Stände. Bei der Selbstrekrutierung des preußischen Beamtentums aus seinen eigenen Reihen spielte es eine wichtige Rolle. Für die Bildungs- und Ausbildungsbedürfnisse der übrigen Mittelschichten dagegen geschah zu wenig. Was aus der Ära der Reform erhalten blieb, war vor allem der Ausbau der staatlichen Schulaufsicht und der Schulverwaltung, die Formulierung von Lehrplänen und Prüfungsanforderungen, die Einführung der staatlichen Examina für Schüler und Lehramtskandidaten. Auch in diesem Bereich entfaltete sich der deutsche Verwaltungsstaat, während die ideellen Impulse der Reformzeit auf der Strecke blieben. Es muß dahingestellt bleiben, ob Humboldt mehr von seinen Vorstellungen hätte verwirklichen können, wenn er nicht schon im Sommer 1810 seinen Posten aufgegeben hätte, weil er einen Konflikt mit dem neu berufenen Staatskanzler Hardenberg über Rang und Selbständigkeit der Kultus-Abteilung im Innenministerium zur Prinzipienfrage machte. Seine Mitarbeiter Nicolovius und Süvern versuchten zwar auch unter seinen Nachfolgern noch möglichst viel von der Substanz der Bildungsreform in einem Schulgesetz zu verankern, scheiterten jedoch im Klima der aufkommenden Restauration. Gegen das Programm einer einheitlichen Nationalerziehung wurde jetzt vor allem der Vorwurf erhoben, daß sie vom Prinzip menschlicher Gleichheit und Selbstbestimmung ausgehe und insofern demokratisch-egalitäre Implikationen habe, die mit dem preußischen Staat und der preußischen Gesellschaft nicht zu vereinbaren seien.

Relativ unbeschadet überstand aber die Konzeption einer neuen Universität die Zeit der polizeilichen Überwachung und der Gesinnungsschnüffelei nach den Karlsbader Beschlüssen von 1819. Der Wiederaufstieg der deutschen Universität nach ihrer schweren Krise in der zweiten

Hälfte des 18. Jahrhunderts zu höchstem internationalen Rang und Ansehen ist mit dem Vorbild der 1810 gegründeten Universität Berlin untrennbar verbunden.

Dem preußischen Anlauf zu einer umfassenden Reform des Bildungswesens ist aus den Rheinbundstaaten nichts Vergleichbares an die Seite zu stellen. Die Schulpolitik muß insgesamt wohl als schwächster Teil der rheinbündischen Innenpolitik überhaupt bezeichnet werden. Vor allem in den katholischen Territorien stand sie zunächst vor der Notwendigkeit, das bis zur Säkularisation der Jahre zwischen 1803 und 1806 weitgehend in geistlicher Hand liegende Bildungssystem unter staatlicher Aufsicht neu zu organisieren, die finanziellen Grundlagen neu zu ordnen und eine weltliche Lehrerschaft heranzubilden. So entstand auch hier eine neue Kultusbürokratie. Etwas positiver ist die Bilanz im Bereich des Universitätswesens. Hier mußte jetzt zwar auch eine Vielzahl kleiner landesherrlicher und kirchlicher Hochschulen aufgehoben werden, jedoch vor allem der bayerische Staat tat viel für den Ausbau der verbliebenen Universitäten. Baden führte die schon um 1800 ganz im Geist der Freiheit des Lehrens und Lernens begonnene Erneuerung der Universität Heidelberg fort, während die württembergische Universitätspolitik von besonderer Engstirnigkeit geprägt war. Angesichts der autoritären und utilitaristischen, ganz auf die Errichtung zentral gesteuerter Fachakademien ausgerichteten Bildungspolitik Napoleons war die Existenz der zum Königreich Westphalen gekommenen Universitäten Halle, Göttingen und Marburg vorübergehend stark gefährdet. Im linksrheinischen Deutschland wurde die Schulpolitik überdies bewußt zum Instrument für die Assimilierung und Integrierung der deutschen Bevölkerung in den französischen Staat eingesetzt.

5. Die preußische Heeresreform

Außer der Entstehung des deutschen Verwaltungsstaates sind die Ergebnisse der preußischen Heeresreform das vielleicht dauerhafteste Erbe der napoleonischen Ära gewesen. Sie bildete bis 1918 die Grundlage des preußisch-deutschen Militärsystems. Der Versuch einer umfassenden Erneuerung von Staat und Gesellschaft konnte vor allem in Preußen die Heeresverfassung nicht ausschließen. Zwar war überall in Europa die Entstehung des absolutistischen Staates, seiner Verwaltung und seines Finanzwesens eng mit dem Aufbau und der Organisation eines stehenden Heeres verbunden gewesen, nirgendwo aber waren Heer und Staat so aufeinander bezogen wie in Preußen.

Das Rekrutierungssystem des altpreußischen Heeres war durch folgende Merkmale gekennzeichnet: Es bestand eine allgemeine Dienstpflicht vor allem der bäuerlichen Bevölkerung, während das städtische Bürgertum aus wirtschaftspolitischen Überlegungen vom Militärdienst weitgehend befreit (»eximiert«) war. Das Offizierskorps wurde fast ausschließlich vom Adel gestellt, dem der König diesen Dienst als Ehrenpflicht abverlangte. Das Heer bestand zu etwa einem Drittel aus geworbenen Ausländern. Zur Verhinderung von Desertion und zur Aufrechterhaltung der Disziplin diente ein System härtester Strafen, die Ausführung exakter Manöver wurde mit unerbittlichem Drill eingeübt. Die Rekrutierung im einzelnen regelte das 1792 revidierte, aber nicht grundsätzlich veränderte Kantonreglement von 1733. Es wies jedem Regiment einen bestimmten Bezirk als Rekrutierungsbasis zu und unterstellte die Wehrpflichtigen auch außerhalb der Militärdienstzeit der militärischen Disziplinargewalt. Ein adeliger Grundbesitzer konnte dem erbuntertänigen Bauern in gleicher Person als militärischer Vorgesetzter, Gutsherr, Patrimonialrichter und Träger der Lokalverwaltung entgegentreten – die Kompaniechefs hatten eine nahezu unbeschränkte Gewalt über die Bevölkerung ihres Bezirks. Militärsystem und Sozialleben im alten Preußen waren untrennbar ineinander verwoben.

Seit den Erfolgen der nordamerikanischen Siedlermilizen über reguläre englische Truppen, seit den glänzenden Siegen der von einem neuen nationalen und freiheitlichen Enthusiasmus erfüllten Massenheere der Französischen Revolution war eine Reform des absolutistischen Heerwesens Gegenstand militärtheoretischer Diskussionen auch in Preußen. Der vollkommene und schmähliche Zusammenbruch der preußischen Armee im Jahre 1806 machte sie ebenso zur Notwendigkeit wie die Auflösung der ständisch gegliederten Sozialverfassung. Der enge Zusammenhang von Heeres-, Gesellschafts- und Staatsreform wurde im Kreis der Reformer deutlich gesehen und vor allem von Scharnhorst und Gneisenau bewußt artikuliert.

Das Kernstück der preußischen Heeresreform war die Einführung der allgemeinen Wehrpflicht, die wegen der Preußen auferlegten Rüstungsbeschränkungen aber erst zu Beginn der Freiheitskriege vorläufig und im Wehrgesetz vom September 1814 endgültig verkündet werden konnte. Aus Rücksicht auf den im Bürgertum besonders weit verbreiteten Widerwillen gegen den Militärdienst dachten die Reformer zunächst daran, den bisher eximierten Kreisen die Möglichkeit zum Dienst in eigenen milizähnlichen Verbänden zu geben, die als selbständige Formationen von »Provinzialtruppen« neben die Linienarmee treten sollten. Darauf wurde dann aber verzichtet, um nicht im Heerwesen neue ständische Schranken aufzurichten. Im Privileg der verkürzten Dienstzeit für Wehrpflichtige mit höherer Schulbildung und in der Organisation der preußischen Landwehr haben sich aber Reste dieser Konzeption erhalten.

Unabdingbare Voraussetzung für die Erfüllung der allgemeinen Wehrpflicht war in den Augen der Reformer die Aufhebung des Systems barbarischer, entehrender und menschenunwürdiger Disziplinarstrafen, darüber hinaus die Beschränkung der Militärgerichtsbarkeit auf tatsächliche Dienstvergehen sowie des Drills auf das militärisch Sinnvolle. Auch die Offizierslaufbahn wurde jetzt ähnlich wie die Beamtenkarriere an bestimmte Einstellungsvoraussetzungen, eine theoretische, in den höheren Rängen wissenschaftliche Ausbildung und an Prüfungen gebunden: Nicht mehr Stand und Geburt, sondern allein Befähigung und Leistung sollten künftig den Dienstrang bestimmen. In der Offiziersausbildung wurde auf Selbständigkeit, Eigeninitiative und Verantwortungsbereitschaft größerer Wert gelegt als bisher, die Beweglichkeit der Truppen überhaupt erhöht und von der starren Lineartaktik abgegangen.

In der preußischen Heeresreform wurde der Versuch gemacht, die Armee einer von allen ständischen Schranken befreiten bürgerlichen Gesellschaft zu schaffen. Die Träger dieser Politik griffen damit jedoch der sozialen Wirklichkeit voraus, die sie bald wieder einholen sollte. Der Adel blieb mit seinen spezifischen Wertvorstellungen und seinem besonderen Loyalitätsverhältnis zum König prägend für den Geist der preußischen Armee. Auf längere Sicht führte das eher zu einer Militarisierung des Bürgertums als zu einer Verbürgerlichung der Armee.

Die Einführung der allgemeinen Wehrpflicht war in den Rheinbundstaaten die vielleicht drückendste und am meisten Unwillen erregende Folge der napoleonischen Zeit. Das Rekrutierungssystem des kleinstaatlichen Deutschland hatte im Ancien Régime fast ausschließlich auf dem System freiwilliger Werbung beruht. Jetzt wurde mit gewissen Variationen nach französischem Vorbild das System der Konskription eingeführt, in dem grundsätzlich alle jungen Männer dienstpflichtig waren, Begüterte jedoch die Möglichkeit hatten, sich durch Zahlung einer festgelegten Summe oder durch Stellung eines Stellvertreters vom Militärdienst freizukaufen. Damit kam ein ausgesprochen besitzbürgerliches Element in die rheinbündische Militärverfassung. Die soziale Exklusivität des Offizierkorps, der harte Drill und die unmenschlichen Disziplinarstrafen waren hier nie im gleichen Maß zum Problem geworden wie in Preußen, und so gab es in diesem Bereich auch weniger einschneidende Reformen, als die süddeutschen Staaten noch vor der Gründung des Rheinbunds mit der Reorganisation ihres Heerwesens begannen. Das französisch-napoleonische Vorbild brachte sich dabei zunehmend zur Geltung. Eine bayerische, eine württembergische oder badische Armee gab es eigentlich erst seit dieser Zeit. Die Organisations-, Rüstungs- und Kriegskosten waren eine schwere Belastung für den Haushalt der Rheinbundstaaten. Die Blutopfer ihrer Bürger für die Kriege Napoleons entwickelten sich zur schwersten Hypothek für eine Aussöhnung der Bevölkerung mit der Politik ihres Protektors.

6. Staat und Gesellschaft

Der eigentlichen Verfassungsfrage, der Gewährleistung von Grundrechten und der Verwirklichung politischer Mitbestimmung, haben sich die Reformpolitiker sowohl in Preußen als auch in den Rheinbundstaaten nur zögernd zugewandt. Das Problem stand seit der amerikanischen Unabhängigkeitsbewegung im Raum, doch der Verlauf der Französischen Revolution hatte einige Zweifel an der Lebensfähigkeit willkürlich gemachter, nicht organisch gewachsener Verfassungen ausgelöst und die Erinnerung an die deutschen Traditionen ständischer Repräsentation und kommunaler Selbstverwaltung wachgerufen. Sie waren vor allem in den Kleinstaaten und geistlichen Territorien nie ganz verschüttet worden, und überhaupt hatte das Ständewesen im ausgehenden Ancien Régime überall in Europa noch einmal eine bemerkenswerte Renaissance erlebt.

Eben deshalb drohte aber jetzt jede Anknüpfung an die ständischen Traditionen – soweit sie überhaupt möglich war – zu einer Stärkung der konservativen, reformfeindlichen Kräfte zu führen. Das Problem war im Grunde überall das gleiche: Die bürgerliche Gesellschaft, die einer zeitgemäßen Verfassung Leben und Gestalt hätte geben können, mußte durch die Reformpolitik des Verwaltungsstaates erst noch geschaffen werden, und dieser drohte dabei so viel Eigengewicht zu gewinnen, daß seine Selbstbeschränkung durch Einordnung in ein von der Gesellschaft geprägtes Verfassungssystem immer schwieriger wurde.

Der in starkem Maß altständisch-konservativ geprägte Freiherr vom Stein hat in der kommunalen Selbstverwaltung das ideale Feld für die politische Erziehung der Nation gesehen, für die Erweckung von Gemeingeist und Bürgersinn, gesellschaftlichem Engagement und Verantwortungsgefühl für das Gemeinwohl. Schrittweise und von unten her sollten die Organe für eine politische Mitbestimmung der »Eigentümer« in Stadt und Land geschaffen werden, demokratisch-egalitären Tendenzen durch Besitzqualifikationen bei aktivem und passivem Wahlrecht und durch berufsständische Untergliederung der Vertretungskörperschaften vorgebeugt werden. Auf der Grundlage dieser Erwägungen wurde die Städteordnung des Jahres 1808 verkündet, die Verabschiedung einer ländlichen Kommunal- und Kreisreform mußte jedoch bis zur endgültigen Klärung der gutsherrlich-bäuerlichen Verhältnisse verschoben werden, und die Pläne für eine provinzial- und reichsständische Verfassung blieben in einem frühen Entwurfsstadium stecken.

Nachdem Stein wegen seiner Vorstellungen zur Entfesselung einer allgemeinen Volkserhebung gegen die napoleonische Herrschaft Ende 1808 hatte entlassen werden müssen, kam es während des Ministeriums Dohna-Altenstein zu einer Wiederbelebung der altpreußischen Territorialstände, weil deren Mitwirkung bei der Einführung einer allgemeinen Einkommensteuer und der Belastung des königlichen Domänenbesitzes zur Finanzierung der Kontributionszahlungen an Frankreich für unerläßlich gehalten wurde. Dabei enthüllte der in diesen Ständeversammlungen dominierende Adel nach Ansicht der Ministerialbürokratie ein solches Maß von Klassenegoismus, daß sie von diesen Ständen nur noch Hindernisse für eine am Gemeinwohl orientierte Reformpolitik erwartete und sich deshalb eindeutig für den Vorrang der Verwaltung vor der Repräsentation aussprach.

Trotz dementsprechend skeptischer Warnungen seiner Vorgänger griff Hardenberg die Verfassungsfrage wieder auf. Er veranlaßte den König, der preußischen Bevölkerung in dem mit erheblichen Steuererhöhungen verbundenen Finanzedikt von 1810 eine zweckmäßig eingerichtete Repräsentation für den Gesamtstaat und seine Provinzen zu versprechen, und er beschloß, dem altständischen »Provinzialismus« ein einheitsstiftendes Organ des gesamtpreußischen »Nationalismus« entgegenzustellen. Er veranlaßte die Einberufung einer Notabelnversammlung und einer vorläufigen, gewählten Nationalrepräsentation mit vorerst minimalen Kompetenzen, löste mit der darin liegenden Nichtachtung längst obsolet gewordener, aber immer wieder neu verbriefter ständischer Verfassungsrechte jedoch einen Sturm der Empörung bei der hochkonservativen Fronde aus. Hardenberg wahrte zwar das Gesicht, indem er die beiden Wortführer dieser Opposition für einige Wochen auf die Festung Spandau schaffen ließ, in der Sache gab er jedoch nach: Das nächste preußische Verfassungsversprechen vom Mai 1815 enthielt die Zusage, daß die Nationalrepräsentation aus den Provinzialständen heraus gewählt werden sollte und daß bei der Einrichtung der Provinzialverfassungen die ständischen Rechte berücksichtigt werden würden.

Diese Zusage hat Preußens Weg in den modernen Verfassungsstaat aufs schwerste belastet. Sie forderte die ständischen Kräfte dazu auf, die Wiederbelebung ihrer Rechte zu betreiben, verzögerte infolge der jetzt notwendig scheinenden umständlichen Enquêten die Verfassungsarbeit trotz des neuen Versprechens von 1820, das Gesetzeskraft besaß, und verschaffte den konservativen Kräften in Hof und Gesellschaft, insbesondere der »Kronprinzenpartei«, die vielleicht entscheidende Einbruchstelle, um die Verfassungspolitik Hardenbergs in den Jahren 1819/20 endgültig zu durchkreuzen. Preußen beließ es schließlich bei der Einrichtung provinzialständischer Beratungsgremien mit äußerst geringen Kompetenzen, in denen der Grundadel nach wie vor die beherrschende Stellung hatte.

Auch in den Rheinbundstaaten hat es eine Verfassungsdiskussion gegeben. Bedeutende Juristen suchten aus der Systematik des Code Napoléon eine Art immanenten Anspruch auf Konstitutionalisierung des Staates abzuleiten, und in der Tat ist es auch im Königreich Westphalen und in Bayern zur Verkündigung geschriebener Verfassungsurkunden gekommen. Das erstere sollte damit vor allem seinen Modellcharakter und seinen Anspruch auf Modernität dokumentieren, das letztere zielte vornehmlich auf die Absicherung der inneren Souveränität des Staates gegen mögliche Beschränkungen durch ein Rheinbundstatut. Modern waren diese Verfassungen insofern, als sie auf dem Prinzip allgemeiner Repräsentation beruhten und das aktive und passive Wahlrecht nur noch an Kriterien des Besitzes, nicht mehr des Standes gebunden war. Es zeigte sich jedoch, daß eigentlich nur der Grundadel den Zensusbestimmungen genügte, ein Bürgertum mit wirtschaftlicher Potenz dagegen noch nicht existierte. Die Rechte der Kammern waren im übrigen eng begrenzt, die bayerische ist nie zusammengetreten, und so trifft das rheinbündische Verfassungsleben mit Recht das Verdikt des »Scheinkonstitutionalismus«. Andrerseits kann nicht genug betont werden, daß gerade die Rheinbundstaaten nach der europäischen Neuordnung von 1814/15 mit der Verkündigung frühkonstitutioneller, im Kontext der Zeit moderner Verfassungen vorangingen und damit das Reformwerk der Rheinbundzeit abschlossen. So blieb hier viel von den freiheitlich-emanzipatorischen Impulsen der revolutionären und der napoleonischen Ära erhalten, die in den norddeutschen Staaten im Zuge der Restauration wieder verschüttet wurden.

Österreich hat sich in diesen Jahrzehnten dem Trend zu staatlicher und gesellschaftlicher Modernisierung fast gänzlich verweigert. Von der radikalen Reformpolitik Josephs II. hatte sich schon sein Nachfolger Leopold II. wieder abwenden müssen, und der »gute Kaiser Franz« schließlich betrieb eine von Revolutionsfurcht und Angst vor der Freiheit in jeder Form geprägte Innenpolitik. Er verwaltete seine Staaten wie ein fleißiger, subalterner Kanzleichef ohne jede konstruktive Initiative. Die außenpolitischen Probleme, die ständigen Kriege und die dadurch ausgelösten Finanzprobleme absorbierten die Aufmerksamkeit seiner politischen Ratgeber. Daher wurde in Österreich nicht einmal das Chaos in den Kompetenzen der obersten Hofstellen und Regierungsbehörden beseitigt. Es kam zu keiner Reorganisation der Staatsbehörden. Die Agrarverfassung wurde auf dem 1790 erreichten Stand eingefroren, nach dem die Bauern zwar die persönliche Freiheit erhalten hatten, die Eigentumsfrage jedoch ungelöst geblieben war. Die Bildungspolitik war von dem Bestreben gekennzeichnet, auf allen Stufen des Unterrichtswesens die Entfaltung freier geistiger Tätigkeit zu verhindern und die Ausbildung folgsamer, auf ihren engen Gesichtskreis beschränkter Untertanen zu fördern. Die Schule wurde wieder ganz der Kontrolle der Kirche unterstellt. Pressewesen und allgemeine Bespitzelung des öffentlichen Lebens, politische Disziplinierung der Beamtenschaft und Ausbau des Polizeiwesens waren bereits vor der Ära Metternich fest etabliert. Die von Erzherzog Karl in den kurzen Friedenszeiten betriebene, durch interne Querelen aber immer wieder behinderte Heeresreform zielte nur auf eine Modernisierung des spätabsolutistischen Heerwesens. Der allgemeinen Wehrpflicht stand der Erzherzog skeptisch gegenüber, und die Zustimmung zu einer allgemeinen Volksbewaffnung in Gestalt der Landwehr des Jahres 1808 mußte ihm mühsam abgerungen werden. Nur in der 1811 abgeschlossenen Privatrechtskodifikation lebte der Geist der Aufklärung noch relativ ungebrochen weiter. Sie beruhte ganz auf naturrechtlichen Prinzipien und war auf eine Gesellschaftsordnung freier, gleichberechtigter Individuen und auf eine von den Fesseln staatlicher Bevormundung entwachsene Volkswirtschaft hin konzipiert. Die Politik der Reaktion und Restauration begann in Österreich schon mit den Jakobinerprozessen des Jahres 1794. Das »System Metternich« konnte bruchlos daran anknüpfen.

Ein abschließender kurzer Vergleich zwischen den preußischen und rheinbündischen Reformen muß notwendigerweise ambivalent ausfallen. In den Rheinbundstaaten fehlte weitgehend der hohe, ideelle Anspruch, den die preußischen Reformpolitiker erhoben, diesen ist es jedoch nicht gelungen, Staat und Gesellschaft Preußens nach den Prinzipien der menschlichen Freiheit, Selbstverantwortung und Selbstverwirklichung neu zu gestalten. Zu vieles blieb Stückwerk oder erhielt unerwartete Wirkungen, als sich das 1806/1807 tief erschütterte alte Preußen schrittweise regenerierte. Preußen blieb monarchischer Obrigkeitsstaat, bewahrte diesen Charakter auch in den Krisen der Revolution von 1848/49 und des Verfassungskonfliktes zwischen 1862 und 1866 und prägte schließlich auch dem deutschen Kaiserreich diesen Stempel auf.

Anders verlief die Entwicklung im linksrheinischen Deutschland und in den Rheinbundstaaten. In einer Mischung von äußerem Druck und erzwungener Anpassung, Wahrung innerer Autonomie und eigenständiger Reorganisationspolitik erlebten sie in den ersten zwei Jahrzehnten des 19. Jahrhunderts eine tiefgreifende Revolutionierung mit weitreichenden Folgen: Den Übergang von kleinräumiger Enge zu mittelstaatlicher Konzentration, die Ablösung der spätfeudalistisch-ständischen Gesellschaftsordnung durch eine Gesellschaft rechtsgleicher Staatsbürger, den Aufbau eines modernen Verwaltungsstaats bis auf die lokale Ebene hinab und nach der Neuordnung von 1815 auch noch den Übergang zur konstitutionellen Monarchie mit verfassungsmäßig garantierten Grundrechten und Organen politischer Repräsentation. Die volle Entfaltung des bürgerlichen Verfassungsstaats verhinderte hier vor allem die Repressionspolitik der beiden Vormächte des Deutschen Bundes nach 1819.

III. Neuordnung, Restauration und Reaktion

1. Das Ende der napoleonischen Hegemonie

Nach dem Sieg über Österreich im Jahr 1809 stand Napoleon im Zenit seiner Macht. Es sollte sich zeigen, daß sein Herrschaftssystem damit an die Grenzen seiner Expansionsmöglichkeiten gestoßen war. England hatte die große Herausforderung durch das napoleonische Kontinentalsystem angenommen, und obwohl der Handelskrieg erhebliche Schwierigkeiten im englischen Finanz- und Wirtschaftssystem auslöste und auch zu beträchtlichen sozialen Unruhen führte, erstickte England nicht wie erhofft im Überfluß der eigenen Industrieproduktion, sondern setzte den Krieg fort. Die uneingeschränkte Herrschaft über die See machte England unangreifbar; ein Friedensschluß zu für Napoleon annehmbaren Bedingungen war nicht in Sicht. Trotz aller Anstrengungen gelang es ihm nicht, Spanien und Portugal endgültig zu unterwerfen, und die Allianz mit Rußland wurde schon im Jahre 1810 brüchig. Als Napoleon nicht bereit war, dem Zaren den Weg nach Konstantinopel freizugeben, war jener nicht länger gewillt, die schweren Schäden hinzunehmen, welche die Kontinentalsperre für die auf den Warenaustausch mit England angewiesene russische Wirtschaft mit sich brachte. Rußland konnte wieder zu einem potentiellen Koalitionspartner für England werden, und die russischen Interessen standen auch den immer wieder aufgenommenen französischen Projekten zu einem Unternehmen gegen das Osmanische Reich im Weg. Stagnation in der Ausdehnung seines Machtbereiches war für Napoleon aber gleichbedeutend mit Rückschritt, und so zog ihn die innere Dynamik seines Systems in den Krieg mit Rußland.

Im Mai 1812 setzte Napoleon von Ostpreußen aus seine »Grande Armée« in Marsch. Zu ihr gehörten auch die

Kontingente der Rheinbundstaaten. Preußen und Österreich hatten sich zwar in Allianzverträgen verpflichten müssen, ebenfalls Hilfskorps zu stellen, doch konnten diese relativ selbständig operieren. Ihre Verluste blieben deshalb verhältnismäßig gering. Das Zurückweichen der russischen Truppen zog Napoleon immer tiefer in das Innere des Landes hinein. In der vergeblichen Hoffnung auf russische Friedensangebote zu lange im brennenden Moskau zurückgehalten, wurde die »Grande Armée« auf dem Rückzug vom russischen Winter überrascht. Ohne eigentlich besiegt worden zu sein, wurde sie durch Kälte, Hunger und Strapazen aller Art sowie durch ständige Angriffe der Kosaken fast völlig vernichtet.

Das katastrophale Ende des Rußland-Feldzuges löste keine allgemeine Erhebung der europäischen Völker gegen die napoleonische Herrschaft aus. Es war zunächst nicht sicher, ob der Zar den Krieg über die Grenzen Rußlands hinaus zur Befreiung Europas fortsetzen würde. Daher zögerte auch König Friedrich Wilhelm III. von Preußen lange, bevor er der Unruhe in der Bevölkerung und dem Drängen der Kriegspartei nachgab. Anfang Februar 1813 wurden die bislang noch vom Militärdienst befreiten bürgerlichen Schichten zur Bildung von Freiwilligenverbänden aufgerufen, Ende des Monats wurde die allgemeine Wehrpflicht verkündet, Mitte März nach dem Abschluß langer Allianzverhandlungen mit Rußland offiziell der Krieg erklärt. Wie weit neben der Bereitschaft zum Kampf für König und (preußisches) Vaterland auch die Sehnsucht nach nationaler Einheit und bürgerlicher Freiheit den Geist der Freiheitskriege geprägt hat, ist schwer zu entscheiden.

England konnte dem preußisch-russischen Bündnis zunächst keine effektive Unterstützung bieten, Österreich blieb ihm vorerst völlig fern, und so standen die noch vom Winterfeldzug geschwächten russischen Truppen und die neu formierte preußische Armee Napoleon allein gegenüber, als der Frühjahrsfeldzug in Sachsen und Schlesien begann. Er brachte Napoleon noch einmal beachtliche Erfolge. Nachdem dieser jedoch einen Versuch Metternichs zur Friedensvermittlung zurückgewiesen hatte, trat auch Österreich, das mittlerweile aufgerüstet hatte, im August in den Krieg ein. Damit war die militärische Überlegenheit der Verbündeten gesichert. Nach der »Völkerschlacht« von Leipzig vom 16. bis 18. Oktober 1813 brach das napoleonische Hegemonialsystem in ganz Europa zusammen. Auch der Rheinbund löste sich auf.

Als Ziel des Krieges hatten die Verbündeten im Frühjahr 1813 die Wiederherstellung der Unabhängigkeit aller europäischen Mächte proklamiert. Die deutschen Staaten sollten ihre Selbständigkeit zurückerhalten und in einem erneuerten Reich zusammengeschlossen werden, Frankreich als Großmacht in seinen »rechtmäßigen« Grenzen erhalten bleiben. Unter dem dämpfenden Einfluß Österreichs wurden diese Ziele dann zurückgeschraubt. Frankreich wurden jetzt sogar die »natürlichen Grenzen« zugestanden, das europäische Staatensystem sollte nach den Verhältnissen des Jahres 1805 wiederhergestellt werden, und die deutsche Verfassungsfrage blieb vorerst offen.

Die österreichische Diplomatie verfolgte während der Befreiungskriege vor allem zwei Ziele: Zum einen galt es zu verhindern, daß die seit Jahrzehnten andauernde russische Expansion nach Westen und Süden infolge des Siegs über Napoleon neue, bedrohliche Dimensionen annahm. Daher erschien es auch nötig, das politische Gewicht Österreichs durch entsprechende Rüstungsanstrengungen zu erhöhen, bevor es der russisch-preußischen Allianz beitrat. Zum anderen galt es, Frankreich als im Innern stabile Großmacht im europäischen Staatensystem zu erhalten, nicht zuletzt als Gegengewicht gegen Rußland. Frankreich durften daher keine demütigenden, Ressentiments und Revanchismus fördernde Friedensbedingungen auferlegt werden. Der einzige zuverlässige Garant der innenpolitischen Stabilität Frankreichs war in den Augen Metternichs jedoch Napoleon, der Meister der Innenpolitik und Bändiger der Revolution. Der österreichische Außenminister war weit davon entfernt, aus Gründen der Legitimität eine Restauration der Bourbonen in Frankreich zu fordern. Diese Politik der Mäßigung und des Pragmatismus stieß vor allem im preußischen und im russischen Lager auf erheblichen Widerstand, und die daraus entstehenden Spannungen innerhalb der Koalition mußte der englische Außenminister Castlereagh immer wieder schlichten. Napoleon wies jedoch alle Friedensangebote zurück. Mit dem Frieden von Paris (30. Mai 1814) wurde Frankreich als Königreich in den Grenzen des Jahres 1792 wiederhergestellt. Die wenige Tage später verkündete Verfassung machte es zu einer konstitutionellen Monarchie, die das innenpolitische Erbe der napoleonischen Ära weitgehend übernahm.

Zur endgültigen Neuordnung Europas versammelten sich Herrscher und Diplomaten fast aller Staaten des Kontinents von Oktober 1814 bis Juni 1815 zu einem allgemeinen Kongreß in Wien. Auch das durch Talleyrand vertretene Frankreich konnte schon wieder einen gewissen Einfluß ausüben. In einer Fülle glänzender Feste feierte das alte Europa seine Wiedergeburt. Hinter dieser Fassade verbargen sich jedoch harte machtpolitische Interessenkämpfe, die bis zum offenen Konflikt unter den Partnern der antinapoleonischen Koalition führten. Überall in Europa wurden die französischen Satellitenstaaten aufgelöst, von Napoleon vertriebene Dynastien erneut eingesetzt, alte Herrschaftsverhältnisse wiederhergestellt. Für Deutschland trifft aber der Begriff der Restauration nur begrenzt zu. Niemand dachte ernsthaft daran, die tiefgreifenden Wandlungen der napoleonischen Epoche rückgängig zu machen. Sie wurden vielmehr im großen und ganzen festgeschrieben; nur im Königreich Hannover und im Kurfürstentum Hessen-Kassel, die auf dem Gebiet des vormaligen Königreichs Westphalen wiederauflebten, wurde die Gesetzgebung der französischen Zeit weitgehend aufgehoben. Preußen und Bayern hingegen ließen sogar in ihren linksrheinischen Neuerwerbungen das französische Rechtssystem bestehen.

Zum Hauptproblem des Wiener Kongresses wurde die Befriedigung der territorialen Ansprüche Rußlands und in Verbindung damit die Wiederherstellung des preußischen Staats im Gebietsumfang des Jahres 1805. Zar Alexander I. verlangte als Lohn für seine Verdienste um die Befreiung Europas Polen, wie es nach der Ersten Teilung von 1772 bestanden hatte. Damit hätte Preußen seine großen Gewinne aus der Zweiten und Dritten Teilung verloren, und als Ausgleich dafür bot sich aus preußischer Sicht vor allem das Königreich Sachsen an, seit den Tagen Friedrichs d. Gr. ein altes Objekt preußischer Expansionswünsche. Sachsen galt deshalb als disponibles, erobertes Land, weil es im Frühjahr 1813 zunächst auf die Seite der Verbündeten getreten war, dann jedoch die Allianz mit Napoleon erneuert und bis zuletzt daran festgehalten hatte. Metternich war nach einigem Zögern bereit, Sachsen an Preußen auszuliefern (der König von Sachsen konnte mit sonst für Preußen zur Verfügung stehenden rheinisch-westfälischen Territorien entschädigt werden), er verlangte jedoch als Gegenleistung, daß Preußen Seite an Seite mit Österreich der russischen Expansion nach Westen entgegentreten müsse. Dazu wäre Hardenberg bereit gewesen, nicht aber König Friedrich Wilhelm III. Daher geriet der Kongreß Ende 1814 in eine schwere Krise, die sogar zu Kriegsdrohungen führte. Die Ausgleichsbemühungen des englischen Außenministers Castlereagh führten schließlich zu einem Kompromiß: Preußen erhielt nur etwa zwei Fünftel des Königreichs Sachsen, dafür aber zusätzlich das linksrheinische Deutschland nördlich der Nahe, und das russische »Kongreßpolen« wurde um die preußische Provinz Posen verkleinert. Österreich konnte Lombardo-Venetien und die 1805 an Bayern abgetretenen Provinzen Tirol und Vorarlberg wieder in Besitz nehmen, Bayern wurden dafür die linksrheinische Pfalz, Mittel- und Unterfranken zugesprochen. Das weiterhin mit England in Personalunion verbundene Hannover wurde vor allem um das Emsland und die Gebiete des ehemaligen Bistums Hildesheim erweitert. Württemberg und Baden bewahrten im wesentlichen den Besitzstand des Jahres 1806. In einem erbitterten Länderschacher wurden die Grenzen in Deutschland neu gezogen. Als Wertmaßstab galt dabei im allgemeinen die Bevölkerungszahl, weniger die wirtschaftliche Ertragskraft; auch um den Besitz strategisch wichtiger Festungen wie Mainz oder Thorn wurde hart gerungen.

Österreich ging aus dieser Neuordnung als ein im deutschen Südosten arrondierter Kern eines stark mit Italien und dem Donauraum verklammerten Vielvölkerstaates hervor. Die Selbständigkeitsbestrebungen der in ihm verbundenen Nationalitäten sollten zum Hauptproblem seiner Geschichte bis 1918 werden. Preußen dagegen dehnte sich jetzt von Aachen bis Königsberg über ganz Norddeutschland aus, war durch Hannover und Kurhessen jedoch in zwei Teile aufgespalten und schon allein deshalb viel stärker zu einer Politik nationaler Integration herausgefordert.

Den englischen Interessen entsprach die europäische Neuordnung vor allem insofern, als mit ihr die Entstehung einer kontinentalen Hegemonialmacht verhindert und statt dessen die Rückkehr zu einem System des Gleichgewichts einer vielgestaltigen europäischen Staatenwelt eingeleitet worden war, ohne daß die in napoleonischer Zeit endgültig gefestigte Herrschaft Englands über die Weltmeere in Frage gestellt wurde. Dem weiteren Ausbau des englischen Kolonial- und Wirtschaftsimperiums stand damit nichts mehr im Wege; auch der Kontinent öffnete sich wieder für die britischen Industrieerzeugnisse. So sehr diese territoriale Neuordnung im einzelnen auch durch pragmatische

Kompromisse bestimmt war, im ganzen war sie doch geprägt von einem Geist der Mäßigung gegenüber dem Verlierer und dem Willen zu einem vernünftigen Ausgleich der Interessen aller Staaten um einer dauerhaften Friedensordnung willen.

Zu der Vielzahl von Problemen, welche den Wiener Kongreß über die territoriale Neuordnung hinaus beschäftigten, gehörte nicht zuletzt auch die deutsche Verfassungsfrage. Die Entwicklung einer deutschen Nationalbewegung reicht bis in das 18. Jahrhundert zurück. Sie richtete sich zunächst gegen die Überfremdung der deutschen Kultur und des deutschen Geisteslebens durch französische Einflüsse. Sie entdeckte unter dem Einfluß Herders das deutsche Volk als eine eigene Individualität unter den anderen Völkern, suchte nach Zeugnissen des lebendigen Geistes dieses Volkes in Liedern, Sagen und Märchen, in der Sprache überhaupt, im Recht und in der Geschichte. Man begann die Überreste deutscher Kultur, Kunst und Geschichte zu sammeln. Die leidvolle Erfahrung der Schwäche und Zerrissenheit in der Zeit der napoleonischen Fremdherrschaft förderte die Bildung auch eines politischen Nationalbewußtseins; die Turnbewegung Jahns wollte das »Deutschtum« neu beleben. Es entstanden erste patriotische Vereine und Gesellschaften, und auch die Anfänge der deutschen Burschenschaften reichen bis in das Jahr 1812 zurück. Während der Befreiungskriege wurden Nationalismus und Franzosenhaß zu Elementen der politischen Propaganda, wurde die Rheinbundpolitik mit dem Stempel nationalen Verrates gebrandmarkt. Diese diffuse nationale Bewegung verfestigte sich jedoch noch nicht zu einer politischen Partei. Sie entwickelte kein konkretes Programm für die politische Neugestaltung Deutschlands – es sei denn, man wollte Freiherrn vom Stein als ihren Sprecher gelten lassen.

Seit ihn der Zar im Frühjahr 1812 als Berater in deutschen Fragen aus dem österreichischen Exil an seinen Hof geholt hatte, wurden von Stein in immer neuen Denkschriften die Probleme der deutschen Frage durchdacht und je nach dem Wechsel der politischen Konstellationen immer neue Vorschläge zu ihrer Lösung entwickelt: Wiederherstellung eines deutschen Kaisertums, Teilung Deutschlands in eine preußische und eine österreichische Hegemonialzone oder auch getrennte Konstitutionalisierung des »Dritten Deutschland« unter österreichischer und preußischer Protektion. Die innere und äußere Souveränität der Rheinbundstaaten sollte auf jeden Fall wiederaufgehoben, altständische Verfassungselemente restituiert werden. Als den Rheinbundstaaten jedoch beim Zerfall des napoleonischen Imperiums der Fortbestand ihrer Unabhängigkeit zugesichert wurde, war auch entschieden, daß das deutsche Reich höchstens in der Form eines föderativen Bundesstaates wieder entstehen werde. Immerhin einigten sich Preußen und Österreich noch vor dem Beginn des Wiener Kongresses auf Grundzüge einer Bundesverfassung, die eine österreichisch-preußische Zweierhegemonie über die anderen Bundesstaaten zum Ziel gehabt hätte. Daß für Metternich eine dauerhafte Verständigung und Zusammenarbeit mit Preußen einen sehr hohen Preis wert war, zeigt seine Zustimmung zur Einverleibung Sachsens durch Preußen. Der Konflikt wegen der russischen Ansprüche auf das gesamte Polen zerstörte jedoch die Basis der Einigkeit zwischen den beiden deutschen Großmächten. Der erbitterte Widerstand der deutschen Mittelstaaten gegen ihre Verfassungspolitik hatte vollen Erfolg.

Der Deutsche Bund konstituierte sich als unauflösbares Bündnis gleichberechtigter souveräner Staaten. Diese verpflichteten sich zu gemeinsamer Aufrechterhaltung ihrer äußeren und inneren Sicherheit, durften demgemäß keine gegen den Bund oder einzelne seiner Mitglieder gerichteten internationalen Verträge abschließen oder gar untereinander Krieg führen, waren jedoch in ihrer Innenpolitik frei, es sei denn, der aus instruktionsgebundenen Regierungsbeauftragten bestehende Bundestag hätte einstimmig einen entsprechenden Beschluß gefaßt. Das politische Übergewicht Österreichs und Preußens im Bund konnte im wesentlichen nur indirekt zur Geltung gebracht werden. Ein Organ zur Repräsentation des deutschen Volkes wurde nicht gebildet, lediglich in den Einzelstaaten sollten »landständische Verfassungen« verabschiedet werden. Der in der Bundesakte vom Juni 1815 nur in den wichtigsten Grundzügen abgesteckte Verfassungsrahmen wurde in der Wiener Schlußakte von 1820 im Detail ausgeführt. Spezielle Beschlüsse regelten auch das Verfahren bei Streitigkeiten innerhalb des Bundes und die Einzelheiten seiner Militärorganisation.

Für die nationalstaatlichen Hoffnungen der deutschen Patrioten und die Anfänge eines liberalen politischen Bewußtseins war diese Bundesverfassung eine herbe politische Enttäuschung, noch bevor die trotz allem in ihr liegenden Möglichkeiten nicht zu kontinuierlicher Fortentwicklung der deutschen Verfassungsverhältnisse, sondern zu rigoroser Repression aller freiheitlichen Bestrebungen ausgenutzt wurden.

Die durch den Wiener Kongreß festgelegte äußere und innere Neuordnung Europas wurde von ihren Schöpfern mit der Aura unanfechtbarer Legitimität umgeben; die Sicherung ihrer Stabilität war nach 25 Jahren Revolution, Krieg und Usurpation ein verständliches Anliegen. Nachdem Napoleon durch seine Rückkehr von seinem Verbannungsort auf der Insel Elba diese Ordnung noch einmal in Frage gestellt hatte, bei Waterloo am 18. Juni 1815 aber endgültig geschlagen worden war, wurde sie im Pariser Frieden vom 20. November 1815 im wesentlichen bestätigt, obwohl Frankreich nun leichte territoriale Einbußen hinnehmen mußte. Zu ihrer Aufrechterhaltung wurden zwei Instrumente geschaffen: die auf Initiative des Zaren zustande gekommene »Heilige Allianz«, mit der sich die Monarchen Europas mit Ausnahme Englands zu einer auf

die Gebote des Christentums verpflichteten Solidarge-
meinschaft verbanden und auf eine patriarchalisch-antire-
volutionäre Innenpolitik festlegten, und die Quadrupelal-
lianz vom November 1815, in der sich die europäischen
Großmächte (zunächst ohne Frankreich) verpflichteten,
die bestehende europäische Ordnung nötigenfalls auch
durch bewaffnete Intervention in innere Angelegenheiten
anderer Staaten zu verteidigen und zum Zweck wechselseitiger Konsultation regelmäßig Konferenzen auf höchster
Ebene abzuhalten. So entstand erstmals eine Art internationales Kontroll- und Garantiesystem der europäischen
Großmächte.

2. Das »System Metternich« und der deutsche Frühkonstitutionalismus

Mit dem Wiener Kongreß begann die Ära der Restauration
und der Reaktion. Ihr Geist erschließt sich am besten im
System des österreichischen Staatskanzlers Metternich, des
wohl einflußreichsten europäischen Staatsmanns der Jahre
von 1815 bis 1848. Metternich selber hat es immer abgelehnt, von seinem »System« zu sprechen, weil ihm mit
diesem Begriff zu sehr die Vorstellung eines willkürlichen
Konstrukts verbunden war. Er sprach statt dessen von
politischen Prinzipien, die in seinen Augen den gleichen
Geltungsanspruch hatten wie die ewig gültigen Naturge-
setze. Die Nichtachtung dieser Prinzipien war für ihn die
Ursache allen Unheils der letzten Jahrzehnte. Sich neu auf
sie zu besinnen und sie wieder zur Geltung zu bringen –
nicht aber die Wiederherstellung vergangener Zustände –
war für ihn der eigentliche Inhalt restaurativer Politik.
  Grundlage des »Metternichschen Systems« bildete die
Überzeugung, daß alle Staaten und Völker Europas ein
vordringliches gemeinsames Interesse an der Wahrung von
Frieden, Recht und Ordnung, von innerer und äußerer

Stabilität und Sicherheit besaßen und daß sie zu deren Schutz nach dem Grundsatz der Solidarität und Reziprozität verpflichtet waren. Die Idee der Freiheit spielte im System Metternichs keine Rolle. Die Unabhängigkeit der europäischen Staaten war am besten durch ein auf diese Grundsätze verpflichtetes Gleichgewichtssystem zu gewährleisten, das die nie ganz zu unterdrückende Dynamik der Machtpolitik ausbalancierte und die kleinen Staaten vor dem Übergewicht der großen schützte. Wichtiger aber als die Wiederherstellung des politischen Gleichgewichts war die Rekonstruktion des sozialen Friedens innerhalb der Staaten: »Der sozialkonservative Gedanke bildet das eigentliche Rückgrat des voll entwickelten Metternichschen Systems.«[4] Im Kampf gegen die Revolution in jeder Gestalt hat Metternich später den eigentlichen Inhalt seines politischen Lebens gesehen. Revolutionär waren für ihn u. a. die Ideen der Volkssouveränität, der Gewaltenteilung, des Herrschafts- oder Gesellschaftsvertrags und die Forderung nach politischer und sozialer Gleichheit. Aus dem Geschichtsverlauf ließ sich nach Ansicht Metternichs empirisch entnehmen, daß diese Ideen in letzter Konsequenz zu Sozialismus und Kommunismus, zur Vernichtung des Eigentums, zur Aufhebung menschlicher Gesellschaft überhaupt führen müßten. Die Ursache von Revolutionen war nicht eine wenn auch nur relative Geltung der von ihnen vertretenen Forderungen, sondern die Unfähigkeit und Handlungsscheu der legitimen Regierungen. Das gemeinsame Interesse am Kampf gegen die Revolution verpflichtete die Staaten auch zur Intervention bei revolutionären Bewegungen in benachbarten Staaten, sei es innerhalb der europäischen Staatengesellschaft, sei es im Rahmen der föderativen Ordnung des Deutschen Bundes.

Die Staatsgewalt mußte nach Ansicht Metternichs auf unbestrittener monarchischer Autorität und ihrer ordnungsstiftenden Kraft beruhen. Diese allein reichte zur Begründung ihrer Legitimität, sie bedurfte keiner transzendentalen Herleitung von »Gottes Gnaden«, wie das Beispiel Napoleons bewies. Den Bändiger der Revolution hat Metternich zeitlebens bewundert, den Schöpfer eines autoritären Verwaltungsstaates, den Virtuosen der Exekutive und der Rechtsorganisation, den Verächter von Volkssouveränität und Repräsentativsystem, den Mann der Politischen Polizei und der Pressezensur. In der Revolutionsprophylaxe lag für Metternich dann auch der Sinn aller Repressionsmaßnahmen des Vormärz, nicht in der Unterdrückung der Gedankenfreiheit. Ein wesentliches Mittel vorbeugender Revolutionsverhinderung war nach seiner Ansicht aber auch eine Sozial- und Wirtschaftspolitik, die der Bevölkerung den Wert innerer Stabilität durch größtmögliche Förderung ihres materiellen Wohlstandes plausibel zu machen verstand. Die menschliche Gesellschaft begriff Metternich als einen naturhaften Körper, als einen Organismus, in dem ebenfalls ein Gleichgewicht der Elemente herrschen mußte, welches die naturgegebene Ungleichheit der Menschen in Gestalt einer ständischen Gliederung in hierarchischer Ordnung berücksichtigte und jedem Stand seine soziale Funktion im Rahmen des Ganzen zuwies. Jede Volksvertretung hatte diese ständische Gliederung widerzuspiegeln, und sie konnte nur die Interessen ihrer einzelnen Elemente beratend artikulieren. Die letzte Entscheidung und die politische Führung mußten der Regierung vorbehalten bleiben. Ein wichtiger, selbständiger Verbündeter der Staatsgewalt bei der Verteidigung von Autorität, Hierarchie und Ordnung war die den gleichen Prinzipien verpflichtete katholische Kirche.

Die eigentlich gefährlichen, potentiell revolutionären Schichten waren für Metternich der Mittelstand, die Bourgeoisie, die Intellektuellen. In der von ihnen vertretenen Doktrin des Liberalismus sah er nur einen Kompromiß der Schwäche und der Unentschlossenheit zwischen Anerkennung der Ordnung und Bejahung der Revolution. Der Nationalstaatsgedanke war in seinen Augen nur ein Teil der liberalen Phraseologie. Nationalstaaten hatten für ihn kein höheres Daseinsrecht als Staaten, die in föderativer Ordnung Völker unterschiedlicher Nationalität miteinander verbanden – nur eine föderative Ordnung des mitteleuropäischen Raumes konnte auch die Grundlage für jene Zusammenarbeit zwischen Österreich und Preußen sein, welche im Rahmen des Deutschen Bundes durch den Wiener Kongreß zur Grundlage des europäischen Staatensystems gemacht worden war.

Metternichs System war eines der Stabilität und der Beharrung, ein System der Defensive gegen die Kräfte der politischen und sozialen Bewegung. Metternich wußte aber, daß sich geschichtliches Leben in der ständigen Veränderung des Bestehenden vollzieht, und er war daher auch immer wieder bereit, seine Politik der »Macht der Dinge« pragmatisch anzupassen, ohne den Glauben an die Gültigkeit seiner Prinzipien aufzugeben. Unfähig war er jedoch zu konstruktivem, schöpferischem Handeln. Er hat es einmal als Aufgabe staatsmännischer Politik bezeichnet, Ströme, die man nicht aufhalten könne, in das Bett ruhiger und segensreicher Evolution zu leiten – eben hierzu war er jedoch nicht imstande. Für keines der drängenden Strukturprobleme der Habsburger Monarchie und des Deutschen Bundes hat seine stabilitätsorientierte Politik eine Lösung gefunden: Sein System kam zunächst wohl dem Ruhebedürfnis einer Zeit entgegen, die Jahrzehnte des Umbruchs, der Unsicherheit, der Erschütterung aller Lebensverhältnisse hinter sich hatte; auf die Dauer jedoch hat es die Revolution nicht verhindert, sondern im Gegenteil hervorgebracht. Im März 1848 sollte sich das zeigen.

Den emanzipations- und freiheitsfeindlichen Charakter des Metternichschen Systems bekamen als erstes die deutschen Burschenschaften, die Universitäten, die Intellektuellen überhaupt zu spüren. In den Burschenschaften sammelten sich damals jene Teile der studentischen Jugend, die den Krieg gegen Napoleon als Kampf für die äußere und innere Befreiung Deutschlands zugleich erlebt hatten. Sie verpflichteten ihre Mitglieder, in ihrem ganzen Leben für die nationale Einheit und den liberalen Verfassungsstaat einzutreten, und wollten durch eine neue Form des studentischen Gemeinschaftslebens nach den Prinzipien der Schlichtheit und Sittlichkeit unter Überwindung ständischer und landsmannschaftlicher Schranken in ihrem Kreis die künftige bürgerliche Gesellschaft gleichsam vorwegnehmen. Zusammen mit einigen sympathisierenden Professoren veranstalteten sie im Oktober 1817 im Gedenken an die Reformation und die Völkerschlacht von Leipzig auf der Wartburg eine Freiheitsfeier, an deren Ende in jugendlichem Übermut auch einige als Symbol der Reaktion geltende Bücher und Requisiten dem Scheiterhaufen übergeben wurden. Die im folgenden Jahr formulierten »Grundsätze der Wartburgfeier« können als erstes Manifest einer liberalen Partei in Deutschland gelten.

Metternich wollte bereits auf das Wartburgfest mit scharfen polizeilichen Maßnahmen reagieren, scheiterte jedoch am Widerspruch des Großherzogs Karl August von Weimar, auf dessen Gebiet die Wartburg lag und aus dessen Landesuniversität Jena die meisten Teilnehmer gekommen waren. Den erwünschten Anlaß zum Handeln boten jedoch im Jahre 1819 zwei politische Mordanschläge, die einem kleinen radikalen republikanischen Flügel der Burschenschaften angelastet wurden. Metternich verständigte sich zuerst mit dem preußischen Staatskanzler Hardenberg, dann mit einigen weiteren konservativen Regierungen. Die übrigen Bundestagsgesandten wurden förmlich überrumpelt, und am 20. September 1819 konnten die Karlsbader Beschlüsse verabschiedet werden. Sie unterstellten die Universitäten einer generellen Polizeiaufsicht, untersagten den Professoren unter Androhung der Entlassung aus dem Amt jede Form politischer Kritik und verboten die Burschenschaften. Sie führten eine allgemeine Zensur für Zeitungen, Zeitschriften und Bücher mit weni-

ger als 320 Seiten Umfang ein und errichteten eine Zentral-
behörde zur Untersuchung der angeblich in mehreren
Bundesstaaten entdeckten revolutionären Umtriebe. Die
erste Bundesbehörde war eine Anstalt der politischen Polizei.

Metternich machte während der Beratungen über die
Karlsbader Beschlüsse auch den Versuch, dem süddeutschen Konstitutionalismus noch in der Phase seines Ent-
stehens durch eine restriktive, authentische Interpretation
des Begriffs »landständische Verfassung« der deutschen
Bundesakte eine restaurative Prägung zu geben, doch waren die süddeutschen Regierungen, voran Württemberg,
nicht bereit, ihm auf diesem Weg zu folgen.

Die Verfassungen des deutschen Frühkonstitutionalismus lehnten sich vor allem durch die Übernahme des
»Monarchischen Prinzips« an die französische »Charte
Constitutionnelle« der erneuerten Bourbonen-Monarchie
aus dem Juni 1814 an. Danach war der Monarch und nicht
das Volk Träger der Souveränität und der obersten Staatsgewalt, er blieb bei deren Handhabung jedoch an die in
der Verfassung festgelegten Beschränkungen gebunden,
und er konnte diese auch nicht mehr einseitig verändern.
Es gab einen bereits recht umfangreichen Katalog von
Grundrechten (Unverletzlichkeit der Person, Gleichheit
vor dem Gesetz, Glaubens- und Gewissensfreiheit, Garantie des Eigentums), politische Grundrechte jedoch, wie
z. B. die Pressefreiheit oder die Vereinigungs- und Versammlungsfreiheit, wurden entweder überhaupt nicht ge-
währt oder konnten durch Gesetz oder Verordnung erheblich eingeschränkt werden.

Die Volksvertretung war in zwei Kammern gegliedert:
In der ersten saßen die Prinzen des Herrscherhauses, die
Familien des Hochadels sowie Honoratioren aus Politik,
Kirche und Gesellschaft. Die Abgeordnetensitze der zwei-
ten Kammer waren nach unterschiedlichen Schlüsseln auf
die vertretungsberechtigten Gruppen der Gesellschaft auf-

geteilt; in Bayern z. B. wurde ein Achtel der Abgeordneten vom Grundadel, ein Achtel von der Geistlichkeit, ein Viertel vom Bürgertum und die Hälfte von den Landgemeinden gewählt. Das aktive und passive Wahlrecht war außerdem durch Zensusbestimmungen eingeschränkt und das Wahlverfahren zumindest in den städtischen und ländlichen Wahlbezirken indirekt. Kein Gesetz durfte ohne Zustimmung beider Kammern erlassen, Steuern konnten nicht ohne ihre Einwilligung erhoben werden. Ihr Initiativrecht war jedoch beschränkt, und sie hatten keinen Einfluß auf die Gestaltung des Staatshaushaltes. Die Minister waren den Kammern zwar für die Verfassungs- und Gesetzmäßigkeit ihrer Amtsführung verantwortlich, sie konnten aber nicht aus politischen Gründen durch ein parlamentarisches Mißtrauensvotum gestürzt werden. Die Kammern hatten keine Möglichkeit zu positiv gestaltendem Einfluß auf die Regierungstätigkeit; vor allem die Außenpolitik blieb ein Teil der monarchischen Prärogative, und das Militär wurde auf den Herrscher, nicht auf die Verfassung vereidigt.

Die Verfassungen wurden fast durchweg von den Regierungen erlassen, ohne vorher mit konstituierenden Versammlungen beraten worden zu sein. Nur in Württemberg kam es zu einer förmlichen Verfassungsvereinbarung. Dort hatte sich im Protest gegen die Verfassungspolitik des Königs eine Partei des konservativen Bürgertums gebildet, die unter dem Schlagwort des Kampfes für das »gute alte Recht« eine wie auch immer modifizierte Wiederherstellung der Ende 1805 durch Staatsstreich aufgehobenen altwürttembergischen Ständeverfassung forderte und schließlich auch eine gewisse Berücksichtigung altständischer Elemente im württembergischen Frühkonstitutionalismus erreichte. Hier bestätigte sich offenbar noch einmal die in der Zeit der preußischen und rheinbündischen Reformen immer wieder beschworene Konstellation, daß von der Gesellschaft her eher ständisch-konservative Widerstände gegen eine moderne Reform-, speziell auch Verfassungspolitik zu erwarten seien.

Nachdem das Herzogtum Nassau schon im September 1814 mit dem Erlaß einer neuen Verfassung vorangegangen war und bis zum Mai 1816 einige thüringische Kleinstaaten nachgezogen hatten, erhielt der deutsche Frühkonstitutionalismus während der Jahre 1818/19 in den Verfassungen Bayerns, Badens und Württembergs seine exemplarische Gestalt. Zur Beibehaltung oder Wiederherstellung altständisch-korporativer Verfassungsformen mit Kuriengliederung, hohem Adelsanteil und häufig nur beratenden Kompetenzen kam es dagegen vor allem in Hannover, Kurhessen, Mecklenburg, Sachsen und anderen norddeutschen Kleinstaaten. In Preußen führte das Verfassungsproblem in den letzten Jahren der Staatskanzlerschaft Hardenbergs noch einmal zu lebhaften internen Auseinandersetzungen. Hardenbergs Plan, der preußischen Monarchie eine dem süddeutschen Konstitutionalismus angenäherte Gesamtstaatsverfassung zu geben, scheiterte jedoch am Widerstand hochkonservativer Kreise in der Umgebung des Königs. So begnügten sich Preußen und Österreich mit der Einrichtung provinzialständischer Gremien minimaler Kompetenz.

Das wichtigste Motiv für die Verfassungspolitik der süddeutschen Staaten war das Bemühen um innere und äußere Konsolidierung ihrer Territorien; noch war die Gewaltsamkeit der großen Flurbereinigung des Reichsdeputationshauptschlusses und der Rheinbundära nicht vergessen, hatte die Verwaltung allein innere Homogenität und Identitätsgefühl nicht vermitteln können. Je moderner die Verfassungen waren, desto weniger konnten sie zu Instrumenten gemacht werden, um reichsstädtische, reichsadelige oder reichskirchliche Rechtsansprüche oder Autonomiebestrebungen wieder aufleben zu lassen. Auch in diesem Sinne stellten sie Abschluß und Garantie des rheinbündischen Reformwerkes dar. Sie dienten aber auch der Absicherung der Souveränität nach außen. Die Verhandlungen des Wiener Kongresses hatten deutlich die Gefahr erkennen lassen, daß Österreich und Preußen die Bundesverfassung benutzen könnten, um die Staatlichkeit der deutschen Mittel- und Kleinstaaten auszuhöhlen. Der Konflikt zwischen Österreich und Preußen hatte diese Gefahr zwar noch einmal gebannt, doch die Zukunft war offen, und schon die Karlsbader Beschlüsse sollten zeigen, wie wenig mit dem Einstimmigkeitsprinzip der Bundesverfassung gegen massiven politischen Druck der Großmächte ausgerichtet werden konnte. Insofern war es auch ein Gebot der politischen Selbstbehauptung, wenn die süddeutschen Regierungen in Karlsbad die von Metternich geforderte Revision ihrer soeben verkündeten Verfassungen ablehnten. Auch die Finanzprobleme der Staaten ließen die Verabschiedung einer Verfassung sinnvoll und ratsam erscheinen: Ohne Mitwirkung und Garantie einer Repräsentation der besitzenden Schichten war eine Konsolidierung der großen Staatsschulden schwer vorstellbar, welche die Kosten der Reformpolitik und der Kriege angehäuft hatten. Eine verfassungsmäßige Beschränkung der monarchischen Gewalt entsprach im übrigen auch ganz den Interessen der Beamtenschaft; der Verwaltungsstaat wurde so noch einmal fester konstituiert. In Württemberg wurden die Grundsätze des Berufsbeamtentums sogar in der Verfassung verankert, in anderen süddeutschen Staaten kam es in den Jahren zwischen 1818 und 1820 zur Verabschiedung neuer Beamtengesetze. Und schließlich: seit der Reformpolitik der Rheinbundzeit stand die Verfassungsfrage ungelöst im Raum – in der liberalen politischen Öffentlichkeit waren in dieser Hinsicht Erwartungen geweckt worden, nichts konnte sie mit dem neuen Staat besser versöhnen als ein entschlossener Schritt in der Verfassungspolitik.

Obwohl Preußen den Schritt zum Verfassungsstaat nicht vollzog, war es doch nach 1815 kein absolutistischer Staat mehr. Es entwickelte sich vielmehr zum Verwaltungsstaat par excellence, der zugleich ein hohes Maß an Rechtssicherheit verbürgte, auch wenn eine förmliche Verwaltungskontrolle in Gestalt einer Verwaltungsgerichtsbarkeit fehlte. Problematisch blieb allerdings das bereits erwähnte »Versickern der Staatsmacht« auf dem Lande[5], welches den Verwaltungsstaat dazu zwang, seine Aufgaben unterhalb der Regierungsebene auf lokale Autoritäten zu übertragen.

Als oberstes »Beamtenparlament« fungierte der im März 1817 gebildete Staatsrat. Er umfaßte die volljährigen Prinzen des Königshauses, die Minister und die Oberbefehlshaber des Heeres, die Leiter sonstiger Zentralinstanzen wie den Chef des Obertribunals oder den Generalpostmeister und weitere, durch besonderes Vertrauen des Königs in dieses Amt berufene Persönlichkeiten, in der Mehrzahl ehemalige Minister. Dem Staatsrat mußten alle Gesetze und allgemeinen Verordnungen vor ihrer Verkündigung zur Beratung vorgelegt werden. Tatsächlich wurde bis 1848 zu jedem Gesetz sogar seine förmliche Zustimmung eingeholt. Er war außerdem die oberste Berufungsinstanz in allen Fällen des Beamtenrechtes.

Das Selbstverständnis des preußischen Verwaltungsstaats ist in der Rechtsphilosophie Hegels, seit 1818 Professor an der Universität Berlin, am prägnantesten formuliert. Die Beamtenschaft steht danach als »allgemeiner Stand« des Staates den übrigen Ständen der bürgerlichen Gesellschaft gegenüber. Sie ist dem Allgemeinwohl und dem objektiven Interesse des Ganzen verpflichtet, die anderen Stände vertreten jeweils nur ihre partikularen Interessen und dürfen eben deshalb in den Repräsentativorganen auch nur einen beratenden Einfluß auf die Entscheidungen der obersten Staatsgewalt haben. Hier entstand die Ideologie des überparteilichen Obrigkeitsstaates, die als Antithese zu den Prinzipien des Parlamentarismus und des Parteien-Staates im deutschen politischen Denken noch bis in die Jahre der Weimarer Republik hinein eine höchst problematische Wirkung entfalten sollte. Sehr viel anders als in Preußen war aber auch das Selbstverständnis der Beamtenschaft in den süddeutschen Staaten nicht, mochten die Kammern es hier auch als ihre wichtigste Aufgabe ansehen, die Bürokratie immer wieder in ihre Grenzen zu verweisen. Die strukturellen Gemeinsamkeiten des deutschen Verwaltungsstaats waren größer als die Unterschiede zwischen den konstitutionellen und den nicht-konstitutionellen Staaten, und in den politischen Auseinandersetzungen des Vormärz wurde es geradezu als spezifischer Vorteil des »Teutschen Konstitutionalismus« gepriesen, daß hier im Unterschied zum parlamentarischen System nicht die Interessen der jeweiligen Mehrheit die politischen Entscheidungen prägen.

Die Beamtenschaft war weder nach sozialer Herkunft noch nach politischer Einstellung homogen. Sie umfaßte Bürgerliche und Adelige und hier wie dort Konservative und Liberale. Es gab Fraktions- und Machtkämpfe innerhalb der Bürokratie, und natürlich konnten sich die Mitglieder der Verwaltung nicht ganz aus dem gesellschaftlichen Umfeld lösen, dem sie entstammten. Auch skeptische Autoren sind jedoch geneigt, der deutschen Beamtenschaft in der Zeit der Restauration und des Vormärz die Rolle einer relativ eigenständigen und von spezifischen Klasseninteressen freien Kraft zuzubilligen.[6] Ihr Bestreben, politisches Handeln durch sachgerechte Verwaltung zu ersetzen, reichte jedoch zur Bewältigung der Probleme des Vormärz nicht aus.

3. Die wirtschaftliche Entwicklung und die Gründung des Deutschen Zollvereins

Die Staaten des Deutschen Bundes gingen mit hohen finanziellen Hypotheken in die Ära der Restauration. Die Kriegslasten, die nach Frankreich abgeflossenen Kontributionszahlungen, die Kosten der Reformpolitik hatten die Staatsschuld überall anschwellen lassen, in Preußen z. B. von 5,5 auf 19,9 Taler pro Kopf der Bevölkerung. Nur durch große Anleihen des Hauses Rothschild konnte hier der Staatsbankrott verhindert werden. Nicht viel besser war die Lage in Österreich, obwohl man dort bereits 1811 einen Währungsschnitt im Verhältnis von 5:1 durchgeführt hatte. Baden mußte nach 1815 20%, Bayern sogar 30% der Staatseinnahmen für den Schuldendienst aufbringen, und ein großer Teil der Tilgungssummen floß in die Kassen der großen internationalen Bankhäuser, wurde also dem deutschen Wirtschaftsleben entzogen. Der Spielraum der Staaten für produktive Ausgaben war gering, und auch in den privaten Haushalten dürfte ein großer finanzieller Konsolidierungsbedarf bestanden haben, nachdem außerordentliche Steuern, Zwangsanleihen, erpreßte Naturallieferungen u. a. m. manche Familie zur Verpfändung des letzten silbernen Leuchters genötigt hatten. Der allgemeine Zwang zu bescheidener Lebensführung spiegelt sich in der schlichten bürgerlichen Kultur der Biedermeier-Zeit.

Die deutsche Landwirtschaft trat um 1815 in eine Phase stetiger Expansion ein. Die Agrargesetze der Reformzeit erlaubten eine Intensivierung und Rationalisierung der Bewirtschaftung; landwirtschaftliche Vereine und Gesellschaften förderten die Verbreitung der Erkenntnisse der modernen Agrarwissenschaft. Durch Übergang zur Fruchtwechselwirtschaft, Einführung neuer Kulturpflanzen, verbesserte Tierhaltung, systematische Tierzucht usw. wurde die Produktivität erhöht, durch den Landesausbau wurden Reserveböden urbar gemacht. Zwischen 1815 und 1865 verdoppelte sich die landwirtschaftliche Produktion, während die Bevölkerung im Gebiet des Deutschen Bundes im selben Zeitraum nur um etwa 50% zunahm (von ungefähr 30 auf etwa 45 Millionen). Trotz dieses beträchtlichen Bevölkerungswachstums von jährlich durchschnittlich 0,9% war die Landwirtschaft in der Lage, den Nahrungsmittelbedarf zu decken. Infolge mehrerer guter Ernten entwickelte sich in den zwanziger Jahren des 19. Jahrhunderts sogar eine von landwirtschaftlicher Überproduktion verursachte Agrarkrise. Dabei sanken zwar die Nahrungsmittelpreise, wegen fehlender Kaufkraft kam das jedoch der Masse der Bevölkerung nur begrenzt zugute, während die Erlöse der Landwirte so sehr schrumpften, daß vom Agrarsektor keine Nachfrageimpulse mehr auf die gewerbliche Wirtschaft ausgehen konnten. So verschärfte die Agrarkrise die allgemeine wirtschaftliche Stagnation, und außerdem gerieten viele hoch verschuldete Gutsbetriebe oder mit Ablösungszahlungen überbürdete Bauernhöfe in ernste Schwierigkeiten. Wie sehr Witterung, Viehseuchen und Pflanzenkrankheiten noch immer in das Leben der Menschen eingreifen konnten, zeigte sich in den Jahren 1816/17 und 1846/47, als viele deutsche Regionen noch einmal durch Mißernten bedingte Hungerkatastrophen schlimmster Art erlebten.

Im Bereich des Handwerks zeigten sich nach 1815 sowohl in den Gebieten mit als auch in denen ohne Gewerbefreiheit Tendenzen einer zunehmenden Übersetzung, d. h. das Angebot an handwerklichen Erzeugnissen und Dienstleistungen überstieg die Nachfrage. Die Zahl der Klein- und Alleinmeister mit kümmerlicher Existenzgrundlage stieg ebenso an wie die Zahl der Gesellen ohne Zukunftsperspektive. Aussagen über die Lohnentwicklung sind problematisch, weil man zu wenig über den Anteil von Naturalleistungen am Gesamteinkommen eines Gesellen oder Arbeiters und über das Ausmaß der Arbeitslosigkeit weiß. Alle Indikatoren weisen aber darauf hin, daß die Reallöhne in der Zeit der Restauration und des Vormärz kontinuierlich gesunken sind, wenn auch unter Schwankungen und mit regionalen Unterschieden. Als besonders verhängnisvoll sollte es sich auswirken, daß die weit verbreitete Heimarbeit vor allem in der Textilindustrie der

Konkurrenz maschineller Warenproduktion immer weniger gewachsen war. Die »soziale Frage« des Vormärz hatte nicht zuletzt hier eine ihrer Ursachen.

Schwierig und bedrängt war schließlich auch die Lage der unterbäuerlichen Schichten auf dem Lande. Sie nahmen im Verlauf des allgemeinen Bevölkerungswachstums überproportional stark zu, konnten aber nur zum Teil in der expandierenden Landwirtschaft Beschäftigung finden, so daß es auch hier zu Verelendungs- und Verarmungserscheinungen kam. Im ganzen lebten, schätzt man, im deutschen Vormärz rd. zwei Drittel aller Familien in so gedrückten Verhältnissen, daß sie normalerweise bei einem 12- bis 14-stündigen Arbeitstag unter Mithilfe aller Familienangehörigen ihren Lebensunterhalt knapp, dürftig und unter dauerndem Mangel bestreiten konnten, bei persönlichem Unglück, Krankheit, Mißernte oder Arbeitslosigkeit aber sofort der akuten Not, dem Hunger und dem Elend ausgeliefert waren.[7]

Eine Industrie, die diesen Millionen Menschen Arbeit und Verdienst hätte verschaffen können, gab es noch nicht. Die Industrielle Revolution, die um 1770 mit der Mechanisierung der Baumwollspinnerei und dem Einsatz von Dampfmaschinen in England begonnen hatte, hatte Deutschland bis dahin nur begrenzt berührt. Zwar wurden auch hier noch im 18. Jahrhundert die ersten Dampfmaschinen aufgestellt, wurde seit dem Beginn des 19. Jahrhunderts immer mehr Garn maschinell gesponnen und die Baumwollweberei schrittweise mechanisiert, das Ausmaß dieser frühen Industrialisierung blieb jedoch im Vergleich zu England überaus bescheiden. Der weitaus größere Teil der Leinenstoffe und Wolltuche wurde noch in der Heimarbeit des Verlagssystems hergestellt. Deutschland besaß vor allem noch keine leistungsfähige Eisen-, Stahl- oder Maschinenbauindustrie. Englands Vorsprung im Prozeß der Industrialisierung schien zunächst uneinholbar groß zu sein. Nach dem Ende der napoleonischen Kriege drängten die Massenerzeugnisse der englischen Industrie auf die europäischen Märkte und setzten besonders solche Branchen einem scharfen Konkurrenzdruck aus, die vom Protektionismus der Kontinentalsperre profitiert hatten. Neuinvestitionen waren risikoreich und boten wenig Aussicht auf Gewinn. Trotz der Verarmung in der napoleonischen Zeit hätte ausreichendes Kapital für industrielle Investitionen zur Verfügung gestanden; es wurde jedoch lieber in festverzinslichen Staatsanleihen oder in Grundbesitz angelegt. So kam es nach 1815 zu einer relativen Stagnation im Prozeß der Industrialisierung. Er ging zunächst nur quälend langsam voran, und erst als um das Jahr 1840 der Eisenbahnbau in starkem Umfang einsetzte, wurde Deutschland von der Industriellen Revolution in größerem Ausmaß erfaßt.

Vielleicht wäre die deutsche Industrie schneller gewachsen, wenn sich der Deutsche Bund zu einem großen, durch hohe Zollschranken geschützten nationalen Wirtschaftsraum entwickelt hätte. Eben das forderte der im April 1819 gegründete »Verein deutscher Kaufleute und Fabrikanten«, der vor allem die Interessen des süd- und mitteldeutschen Gewerbes vertrat, durch seinen Sprecher Friedrich List. Die Kaufmannschaft der großen Handels- und Messeplätze dagegen trat für den Freihandel ein, ebenso die nord- und ostdeutsche Landwirtschaft, die am freien Export von Agrarerzeugnissen und möglichst billigem Import von Industriewaren interessiert war. Auf Initiative Badens beschäftigte sich der Bundestag schon 1819 und 1820 noch einmal mit dem Problem einer deutschen Zolleinigung, konnte sich jedoch auf keine gemeinsame Linie einigen – nicht zuletzt deshalb, weil Österreich erklärte, an seinem protektionistischen Schutzzollsystem auch gegenüber den Staaten des Deutschen Bundes festhalten zu müssen. Im Grunde begann damit die wirtschaftliche Ausgrenzung Österreichs aus Deutschland. Die Untätigkeit des Bundes in der Zoll- und Handelspolitik gab Preußen den notwendigen Bewegungsspielraum zur Gründung des Deutschen Zollvereins.

Preußen hatte im Mai 1818 ein Zollgesetz erlassen, mit dem alle Zollschranken oder sonstigen Handelshindernisse innerhalb des preußischen Staates aufgehoben und nach außen ein mäßiger Schutzzoll eingeführt wurde: Die Einfuhr von Rohstoffen und Nahrungsmitteln war zollfrei, gewerbliche Erzeugnisse durften mit höchstens 10% des Warenwertes, Kolonial- und Luxuswaren mit 30% und mehr besteuert werden. Das war ein »tragfähiger Kompromiß zwischen den Interessen des freihändlerischen Agrarsektors und der mehr am Schutzzoll interessierten gewerblichen Wirtschaft«.[8]

Das preußische Zollgesetz löste im Deutschen Bund allgemeine Empörung aus, vor allem bei den angrenzenden, auf den Warenaustausch mit preußischem Gebiet eingestellten Staaten. Besonders bedrängt waren diejenigen Länder, deren Territorien ganz oder zum Teil von preußischem Gebiet umschlossen waren, zumal mit dem Zollgesetz auch sehr hohe Durchgangszölle eingeführt worden waren. Dem darin liegenden Druck zum Anschluß an das preußische Zollsystem beugte sich zunächst das Herzogtum Schwarzburg-Sondershausen, dann folgten weitere Kleinstaaten des sächsisch-thüringischen Raumes, nach einem langen und hartnäckigen Kampf für die Freiheit der Elbschiffahrt auch Anhalt. Preußen gelang es vorerst jedoch nicht, Kurhessen zum Beitritt zu bewegen und damit die Trennung der preußischen Westprovinzen vom Kern der Monarchie wenigstens handelspolitisch zu überbrücken.

Die zollpolitische Offensive Preußens hat die deutschen Mittelstaaten zu Gegenaktionen herausgefordert. Schon 1820 trat die württembergische Regierung mit dem Plan hervor, das ganze nicht-österreichische und nicht-preußische »dritte Deutschland« zu einem einheitlichen Zollgebiet zusammenzuschließen. Nach langen Verhandlungen scheiterte dieses Projekt jedoch an unüberwindbaren Gegensätzen zwischen freihändlerisch und schutzzöllnerisch eingestellten Staaten; 1825 wurde es endgültig aufgegeben. Im Januar 1828 fanden sich dann aber Bayern und Württemberg zu einem Zollverein zusammen, der im Mai 1829 einen Handelsvertrag mit dem preußischen Zollgebiet abschloß, während Hannover, Sachsen, Kurhessen und andere mitteldeutsche Staaten noch im September 1828 unter österreichischer Förderung und wohlwollender Anteilnahme Englands und Frankreichs den Mitteldeutschen Handelsverein gegründet hatten. Seine Zielsetzung war überwiegend negativ: Die Mitglieder verpflichteten sich, dem preußischen Zollgebiet nicht beizutreten und den Handel untereinander zu erleichtern; sie bildeten aber keine Zollunion.

Der erste Mittelstaat, der sich dem preußischen Zollgebiet anschloß, war im Februar 1828 das Großherzogtum Hessen-Darmstadt. Es erleichterte damit seinen Weinexport nach Preußen und nahm dafür gewisse Nachteile für seine gewerbliche Wirtschaft in Kauf. Entscheidend aber wurde dann, daß sich Kurhessen zu Beginn des Jahres 1832 von dem wenig effektiven Mitteldeutschen Handelsverein lossagte: Die zollpolitische Trennung des Landes von Hessen-Darmstadt, Preußen und dem bayerischen Unterfranken hatte zu wirtschaftlichen Schwierigkeiten geführt; ein Teil der sozialen Unruhe, die in Hessen unter dem Eindruck der Juli-Revolution zum Ausbruch kam, ist darauf zurückzuführen. Damit war der Weg zur Gründung des Deutschen Zollvereins frei. Am 1. Januar 1834 trat er in Kraft. Schon im nächsten Jahr schloß sich auch Baden dem Zollverein an; jetzt fehlten nur noch Hannover, einige norddeutsche Staaten und die Hansestädte, deren Beitritt sich z. T. noch bis in die Ära der Reichsgründung hinein verzögerte.

In den Verhandlungen über den Zollvereinsvertrag haben sich die preußischen Unterhändler von dem Bestreben leiten lassen, die Souveränitätsansprüche der Mittel- und Kleinstaaten zu schonen, den beiderseitigen Nutzen zu betonen und das Prinzip unbedingter Gleichrangigkeit zu wahren. So wurde auch für die Entscheidungen des obersten Organs des Zollvereins, der Zollvereinskonferenz, Einstimmigkeit vorgeschrieben. Deren Beschlüsse mußten dann aber nicht mehr von den Regierungen sanktioniert oder von den Landtagen ratifiziert werden. Mit dem Beitritt zum Zollverein war mithin eine Übertragung von Hoheitsrechten auf eine zwischenstaatliche Einrichtung verbunden. Der Zollvereinsvertrag wurde zunächst auf acht Jahre befristet abgeschlossen; er verlängerte sich jedoch automatisch, wenn er nicht von einem der Mitglieder gekündigt wurde. Preußen machte davon 1841 Gebrauch, um den Vertragspartnern gewisse Zugeständnisse abzupressen, und dabei zeigte sich, daß das gemeinsame Interesse an der Aufrechterhaltung groß genug war, um den Zollverein diese und auch alle späteren Krisen relativ unbeschadet überstehen zu lassen. Die auswärtigen Beziehungen des Zollvereins, vor allem der Abschluß von Handelsverträgen, wurden praktisch von Preußen allein wahrgenommen.

Mit dem Abschluß des Zollvereins war der größte Teil Deutschlands zu einem einheitlichen Handelsgebiet geworden, die Unterschiede im Münz-, Maß- und Gewichtssystem, im Handels- und Gewerberecht und vor allem in der Besteuerung bestanden jedoch fort, so daß nach wie vor Ausgleichsabgaben an den Landesgrenzen erhoben werden mußten. Die Gründung des Deutschen Zollvereins war noch einmal eine in die Zukunft weisende Leistung des preußischen Verwaltungsstaates. Sie kam seinem Ansehen unmittelbar zugute. Das preußische Zollgesetz des Jahres 1818 war zunächst jedoch primär fiskalisch motiviert. Es sollte die Staatseinnahmen erhöhen, die Zölle vereinfachen und die Erhebungskosten senken. Es hat diesen Zweck vollständig erreicht, auch bei den kleineren

Staaten, zumal hier das Verhältnis zwischen Zollerträgen und Erhebungskosten besonders ungünstig war, während die Verteilung der Zolleinnahmen nach dem Maßstab der Bevölkerung den Kleinstaaten entgegenkam. In den Jahren, in denen jede Steuererhöhung zu erbitterten Kämpfen mit den Landtagen führte, hat das Steigen der Zolleinnahmen die Regierungen der frühkonstitutionellen Staaten überdies von innenpolitischem Druck entlastet. In einigen Ländern konnten sogar die direkten Steuern gesenkt werden. Der Zollverein hatte insofern also eine systemstabilisierende Wirkung. Die Zollvereinspolitik war nicht das Produkt einer klar definierten, auf die Belebung von Handel und Gewerbe oder gar die Förderung der Industrialisierung angelegten wirtschaftspolitischen Strategie. Die Regierungen gingen vielmehr in Übereinstimmung mit dem Gesellschaftsbild des zeitgenössischen Liberalismus eher vom Konzept einer »mittelständischen, vorindustrielle Strukturen bewahrenden Wirtschaft«[9] aus. So sind von der Gründung des Zollvereins vermutlich auch keine entscheidenden Wachstumsimpulse auf die deutsche Wirtschaft ausgegangen; er hat den um 1840 beginnenden Industrialisierungsprozeß zwar begünstigt, aber nicht eigentlich verursacht.

Die aus heutiger Sicht klar auf der Hand liegenden nationalpolitischen Implikationen der preußischen Zollpolitik sind den verantwortlichen Politikern offenbar erst allmählich bewußt geworden. Im Juni 1829 sprach der preußische Finanzminister v. Motz aber schon deutlich seine Überzeugung aus, daß die Zolleinigung die Vorstufe für eine politische Einigung unter preußischer Führung sei. Eben das hat auch Metternich erkannt. In einer Denkschrift vom Juni 1833 äußerte er die Sorge, daß die Zollvereinspolitik von geradezu revolutionierender Wirkung für das System des Deutschen Bundes sein werde. Nachdem die von ihm inspirierte Gegengründung daran gescheitert war, daß Österreich den deutschen Mittelstaaten nicht die gleichen Vorteile bieten konnte wie Preußen, versuchte er, Österreich an den Zollverein heranzuführen. Den Vertretern der Gewerbeinteressen in der Habsburger Monarchie gelang es jedoch, den Kaiser für die Beibehaltung des Systems hoher Prohibitivzölle zu gewinnen, ohne deren Schutz die österreichische Industrie nicht glaubte existieren zu können.

IV. Die erste Krise des Systems der Restauration

1 Die Juli-Revolution von 1830

Die auf dem Wiener Kongreß eingerichtete und mit der Weihe der Legitimität umgebene europäische Ordnung wurde schon im Jahre 1820 durch revolutionäre Bewegungen in Spanien und Italien in Frage gestellt, durch entschlossene militärische Intervention der europäischen Großmächte jedoch wieder stabilisiert. England wandte sich dann aber von der Prinzipienpolitik konservativer Solidarität ab, liberalisierte allmählich sein innenpolitisches System und unterstützte auch die Freiheitsbewegungen in den südamerikanischen Kolonien Spaniens und Portugals, in Portugal selbst und in Griechenland. In ganz Europa begleitete eine große Welle der Sympathie den Freiheitskampf der Griechen gegen die türkische Herrschaft, der schließlich mit russischer, englischer und französischer Hilfe gewonnen wurde und dem Land im Jahre 1829 die Unabhängigkeit brachte.

Die Ursachen der französischen Juli-Revolution des Jahres 1830 sind in der Politik der bewußten Restauration zu sehen, die der seit 1824 regierende König Karl X. betrieb. Ludwig XVIII. hatte sich bemüht, auf dem Boden der Verfassung von 1814/15 eine Politik des Ausgleichs unter den gesellschaftlich herrschenden Schichten des Großbürgertums, des alten und des napoleonischen Adels durchzuführen. Karl X. jedoch betonte in geradezu provozierender Weise wieder die religiöse Legitimierung seines Königtums, begünstigte den in der Revolution emigrierten alten Adel, stärkte die Stellung der Kirche im öffentlichen Leben (vor allem im Unterrichtswesen) und beantwortete die öffentliche Kritik an seiner Regierungsführung mit Einschränkungen der Pressefreiheit. In der öffentlichen Meinung begann sich daraufhin die Vorstellung auszubreiten, das Land solle dem Beispiel der »Glorious Revolution« Englands aus dem Jahre 1688 folgen, einen zum Träger der Reaktion gewordenen König absetzen und ohne Blutvergießen, sozialen Umsturz und Änderung der Eigentumsverhältnisse eine von den gesellschaftlichen Führungsschichten abhängige, ihren Interessen besser dienende neue Dynastie einsetzen. Trotz sehr hoher Zensusbeschränkungen und massiver Versuche zur Wahlbeeinflussung brachten die Wahlen der Jahre 1828 und 1830 oppositionelle Mehrheiten, und als das Ministerium Polignac daraufhin mit den »Juliordonnanzen« zum offenen Staatsstreich zu schreiten schien, erhob sich das Volk von Paris unter der Führung von politisierenden Journalisten und Advokaten. Das Großbürgertum jedoch behielt die Kontrolle über die Bewegung, und die Abgeordnetenkammer setzte den Herzog Louis-Philippe aus der Seitenlinie Orléans des Hauses Bourbon zum neuen König von Frankreich ein.

Mit der Juli-Revolution verlor der französische Adel endgültig den Anspruch auf die politische und gesellschaftliche Führung des Landes. Aufgrund fast unverändert hoher Zensusschranken blieben Wahlrecht und politische Partizipation jedoch ein Privileg des Reichtums. So entwickelte sich die französische Juli-Monarchie unter dem »Bürgerkönigtum« Louis-Philippes zu einem System ausgeprägter Klassenherrschaft der Großbourgeoisie, und sie wurde als solche bald zum bevorzugten Studienobjekt aller zeitgenössischen Theoretiker der sozialen Bewegung und der Klassenkämpfe in der bürgerlichen Gesellschaft – von den französischen Frühsozialisten angefangen über die Kreise der europäischen Emigration und die Anfänge der deutschen Arbeiterbewegung bis hin zu Karl Marx und Friedrich Engels.

Die Erschütterung des Systems der europäischen Restauration in Frankreich lockerte auch in anderen europäischen

Staaten die Fesseln, welche die Kräfte der Bewegung bislang gebremst hatten. Noch im August 1830 erhob sich das katholisch-wallonische Belgien gegen die Suprematie der protestantischen Nordprovinzen im »Königreich der Vereinigten Niederlande«. Die religiösen, ethnischen und kulturellen Unterschiede sowie die wirtschaftlichen Interessengegensätze zwischen den Landesteilen rissen diese künstliche Staatsschöpfung des Wiener Kongresses auseinander. Frankreich unterstützte die Unabhängigkeitsbewegung der Südprovinzen, Rußland dagegen fürchtete die revolutionäre Sprengkraft des Prinzips nationaler Selbstbestimmung und trat für eine Intervention zur Aufrechterhaltung der Ordnung von 1814/15 ein. Damit war die Gefahr eines großen europäischen Konfliktes gegeben. Da sich Metternich trotz schwerer Bedenken zur Hinnahme der in Belgien geschaffenen Tatsachen entschied und Preußen sich anschloß, wurde die Souveränität des Königreichs Belgien im Januar 1831 von den europäischen Großmächten auf der Basis immerwährender Neutralität garantiert. Die an den Prinzipien von Legitimität und Stabilität orientierte Interventionspolitik der »Heiligen Allianz« war damit zu Ende – nur die drei konservativen Ostmächte verpflichteten sich im Vertrag von Münchengrätz 1833 noch einmal auf diese Grundsätze.

Unter der klugen und zurückhaltenden Regierung König Leopolds I. aus dem Hause Sachsen-Coburg-Gotha wurde Belgien zu einer bürgerlich-liberalen parlamentarischen Monarchie. Die belgische Verfassung wurde das Vorbild des europäischen Liberalismus. Als die rheinischen Liberalen im preußischen Märzministerium des Revolutionsjahres 1848 vor der Notwendigkeit standen, in kurzer Zeit einen Verfassungsentwurf auszuarbeiten, haben sie sich an der belgischen Konstitution orientiert.

Zu einem weiteren Konflikt von europäischen Dimensionen entwickelte sich der Aufstand in dem seit 1815 von Rußland beherrschten »Kongreßpolen«. Hier hatte sich ja der Wiener Kongreß besonders eklatant über das Nationalgefühl und das Unabhängigkeitsstreben eines im ausgehenden 18. Jahrhundert durch die Kabinettspolitik der Großmächte vergewaltigten Volkes hinweggesetzt. Nach einem erfolgreichen Aufstand nationalpolnischer Truppenverbände wurde im Januar 1831 die Selbständigkeit Polens proklamiert und eine provisorische Regierung gebildet. Um ein Übergreifen der Bewegung auf ihre Provinzen mit starkem polnischen Bevölkerungsanteil zu verhindern, unterstützten Preußen und Österreich Rußland bei der Niederschlagung des Aufstandes. Das gemeinsame Interesse an der Unterdrückung der polnischen Nationalbewegung führte die drei Ostmächte zu erneuter konservativer Solidarität zusammen, während sich gleichzeitig die liberale Öffentlichkeit Europas in einer Welle der Sympathie und der Hilfsbereitschaft für die Sache der Polen begeisterte. Auch in Deutschland bildeten sich zahlreiche Polenvereine und Hilfskomitees, wurde der polnische Freiheitskampf als Kampf gegen das System der europäischen Restauration und Reaktion schlechthin gefeiert. Ob man aber bereit gewesen wäre, die mittlerweile von Preußen und Österreich in Besitz genommenen Gebiete einem polnischen Nationalstaat zurückzugeben? Die deutsche Nationalversammlung des Jahres 1848 hat sich in dieser Hinsicht mit sehr großer Mehrheit zum nationalen machtstaatlichen Egoismus bekannt.

Nach der endgültigen Niederwerfung des Aufstandes verlor Polen seinen Charakter als autonomes, mit Rußland nur durch Personalunion verbundenes Königreich. Es wurde seitdem wie eine russische Provinz verwaltet. Auch Preußen änderte jetzt seine Polenpolitik. Hatte es nach 1815 noch den Polen bis zu einem gewissen Grad die Pflege und Erhaltung ihrer nationalen Eigenständigkeit innerhalb der preußischen Monarchie gestattet, ging es nunmehr zu einer bewußten Germanisierungspolitik über. Die polnischen Emigranten, die sich jetzt in großer Zahl über Europa hin verbreiteten, sind aus der untergründigen Revolutionsbewegung des Vormärz nicht fortzudenken.

In Italien brach der bereits länger erwartete Aufruhr erst im Februar 1831 aus, diesmal vor allem im Kirchenstaat und in den kleinen habsburgischen Sekundogenituren Oberitaliens; diese Aufstandsbewegungen wurden jedoch schon nach wenigen Wochen durch Österreich niedergeschlagen. Zu einer jahrzehntelangen Dauerkrise noch über die Mitte des Jahrhunderts hinweg entwickelten sich dagegen die innenpolitischen Spannungen in Spanien und Portugal: In beiden Ländern verknüpften sich die Gegensätze zwischen dem konservativ-klerikalen und dem liberalen Lager mit Streitigkeiten über die Thronfolge innerhalb der regierenden Herrscherhäuser, so daß es zu Bürgerkriegen und Unruhen kam, in denen die konservativen und die liberalen Mächte Europas jeweils ihre Partei mit Geld, Freiwilligen und diplomatischem Beistand unterstützten: Nirgendwo sonst in Europa hat die Restauration von 1815 so wenig dauerhafte Stabilität zu schaffen vermocht. Die Schweiz blieb damals von Unruhen ebenfalls nicht verschont. In der Mehrzahl der Kantone kamen liberale Bewegungen zum Durchbruch, welche die nach Auflösung der »helvetischen Republik« 1813/14 wieder an die Macht gekommenen bürgerlichen Oligarchien verdrängten, die Verabschiedung moderner Repräsentativverfassungen mit teilweise radikaldemokratischem Einschlag durchsetzten, die Einführung einer liberalen Wirtschaftsordnung betrieben und den extremen Schweizer Föderalismus in Frage stellten. Auch das britische Parlament mußte der liberalen Bewegung Zugeständnisse machen: Der hartnäckige Widerstand des Oberhauses konnte nicht verhindern, daß mit der Wahlrechtsreform des Jahres 1832 Teilen des mittelständischen Bürgertums der Weg ins Unterhaus geöffnet wurde. Europa war wieder in Bewegung; das »System Metternich« befand sich endgültig in der Defensive.

2. Die Auswirkungen der Juli-Revolution auf Deutschland

Unter dem Eindruck der Juli-Revolution brachen in Deutschland vor allem in solchen Ländern Unruhen aus, die von der Reformperiode der napoleonischen Zeit relativ unberührt geblieben waren oder ihre Ergebnisse wieder rückgängig gemacht hatten: Sachsen, Braunschweig, Kurhessen, begrenzt auch Hannover. In einigen von ihnen blieb es ruhig, z. B. in den sozioökonomisch besonders rückständigen mecklenburgischen Herzogtümern und in Oldenburg oder auch im repressiven Polizeistaat Metternichs.

In Sachsen kam die revolutionäre Gärung zuerst zum Ausbruch. Sachsen war in der ersten Hälfte des 19. Jahrhunderts der im Verhältnis zu seiner Bevölkerungszahl am stärksten industrialisierte Staat Deutschlands, vornehmlich im Bergbau, im Textilgewerbe und im Maschinenbau. Die Leipziger Messe hatte im internationalen Handel eine zentrale Stellung, Leipzig war das Zentrum des deutschen Druckerei- und Verlagswesens, die sächsischen Universitäten und technischen Lehranstalten genossen hohes internationales Ansehen. Das platte Land aber stand noch ganz unter der Herrschaft des vielfach privilegierten Adels; eine förmliche Erbuntertänigkeit bestand zwar nicht, die Bauern waren jedoch zu mannigfachen Diensten verpflichtet; ihre persönliche Freiheit war eingeschränkt. Obwohl es auch in Sachsen während der napoleonischen Zeit eine lebhafte Reformdiskussion gegeben hatte, war das Land in Verfassung und Verwaltung einer der rückständigsten Staaten des Bundes geblieben. Die Stadtverwaltung lag in den Händen patrizischer Oligarchien, noch immer bestand ein strenges Zunftregime, im Landtag spielte der Adel die führende Rolle: Das städtische Bürgertum war hier nur durch Delegierte der Magistrate, die Bauernschaft überhaupt nicht vertreten. Fortschrittliche Adelige und bürgerliche Liberale aus den städtischen Oberschichten begannen daher seit 1827 die Verkündigung einer Konstitution süddeutschen Typs zu fordern, doch erst die revolutionären Unruhen der Jahre 1830/31 verhalfen dieser Forderung zum Erfolg.

Der äußere Anlaß für die ersten großen Protestdemonstrationen war noch im Juni das Verbot von Gedenkfeiern zur Erinnerung an die »Augsburger Konfession« von 1530 durch den katholischen sächsischen Hof. Im September brachen in Leipzig Unruhen aus, die von dort auf die umliegenden Dörfer, auf Dresden, Chemnitz und Freiberg, auf die Weberdörfer der Lausitz, des Erzgebirges und des Vogtlandes übergriffen. Gesellen, Lehrlinge und proletaroide Kleinmeister bewaffneten sich mit Steinen und Knüppeln, verschanzten sich hinter primitiven Barrikaden; in der Textilindustrie und im Druckereigewerbe kam es zu maschinenstürmerischen Aktionen. Die städtischen und staatlichen Obrigkeiten gingen danach auf die bürgerlichen Reformforderungen ein, während das besitzende Bürgertum zur Aufrechterhaltung der Ordnung und zum Schutze des Eigentums bewaffnete Kommunalgarden bildete. Der König dankte zugunsten seines Nachfolgers ab, immer wieder flackerten jedoch Aufruhr und Unruhe auf, bis im September 1831 mit der Verabschiedung einer Verfassung frühkonstitutionellen Typs eine Epoche innerer Reformen eingeleitet wurde.

In relativ kurzer Zeit wurde jetzt in Sachsen nachvollzogen und zum Teil übertroffen, was in den preußischen und rheinbündischen Reformen vorgeprägt worden war: Die historischen Landesteile des dynastischen Fürstenstaates wurden in den bürgerlichen, frühkonstitutionellen Einheitsstaat eingeschmolzen. Die modernen Fachministerien und ein System von Mittelbehörden wurden eingerichtet, ein einheitlicher Staatshaushalt aufgestellt, Justiz und Verwaltung auf der oberen und mittleren Ebene getrennt und die Stellung der Beamtenschaft gesetzlich geregelt. Eine

neue Städteordnung wurde erlassen und den Landgemeinden eine wenn auch begrenzte Selbstverwaltung zugestanden. Zur Erleichterung der Ablösung bäuerlicher Grundlasten und Dienste wurden staatliche Kreditinstitute geschaffen, das Elementarschulwesen finanziell besser abge-
sichert. Im Zuge einer umfassenden Steuerreform verlor
der Adel seine steuerlichen Privilegien; die allgemeine
Wehrpflicht wurde eingeführt. Die Verkündigung der Gewerbefreiheit aber scheiterte am Widerstand der Innungen.
So wurde Sachsen in wenigen Jahren auch in der Verfas-
sungsstruktur, was es in der Wirtschaftsentwicklung schon
lange war: einer der modernsten Staaten Deutschlands.
Vor diesem Hintergrund entwickelte sich auch das öffentliche Bewußtsein in einem solchen Maß, daß Sachsen im
ausgehenden Vormärz und in der Revolution von 1848/49
neben Baden der am stärksten politisierte Staat Deutschlands gewesen ist. Die Scheidung der politischen Parteien
in Liberale und Demokraten war dort bereits im ausgehenden Vormärz weit vorangeschritten, und bei den Wahlen
zur deutschen Nationalversammlung im Frühjahr 1848
konnte die demokratische Linke hier besonders gute Ergebnisse erzielen.
In Braunschweig schwelte schon seit dem Jahre 1827 ein
Konflikt zwischen dem Herzog und der Ständeversamm-
lung, weil der Landesherr ein in der Zeit seiner Unmündig-
keit erlassenes Staatsgrundgesetz nicht anerkennen wollte,
obwohl es auch nach Ansicht des Bundestages gültig war.
Durch absolutistisches Herrschaftsgebaren, Eingriffe in
die Justiz, allgemeine Bespitzelung und persönliche Invek-
tiven erregte er auch darüber hinaus Empörung in der
adeligen und in der bürgerlichen Oberschicht; seine Fi-
nanz- und Wirtschaftspolitik war vor allem auf die Ver-
mehrung seines privaten Reichtums durch Einsparungen
im Staatshaushalt ausgerichtet. Sie wirkte sich lähmend auf
das gesamte Wirtschaftsleben des Herzogtums aus, wovon
auch Arbeiter und Handwerker betroffen waren. Der Har-

zer Bergbau litt ohnehin schon unter den Folgen der preußischen Zollgesetzgebung. Außerdem zeichnete sich im Spätsommer 1830 eine Mißernte ab, und dennoch weigerte sich der Herzog, Gelder für Getreideankäufe, für Zollsenkungen oder Maßnahmen zur Wirtschaftsbelebung zu bewilligen. Daher hatte sich in allen Schichten der Bevölkerung aus unterschiedlichen Gründen ein hohes Maß an Erbitterung aufgestaut; erste Demonstrationen des Unmuts steigerten sich am 7. September in Braunschweig zu offenem Aufruhr. Das Schloß wurde gestürmt und in Brand gesteckt; der Herzog floh aus dem Land. Militär und Bürgerwehr machten zunächst keinen ernsthaften Versuch einzuschreiten, am nächsten Tag verständigten sich jedoch Magistrat und militärische Führung auf gemeinsame Maßnahmen zur Sicherung der Ordnung und zum Schutz des Eigentums. Die Unruhen griffen in den nächsten Wochen auch auf weitere Städte und ländliche Distrikte des Herzogtums über: Arbeitslosigkeit, steigende Lebensmittelpreise, hohe Steuerlasten, unverhältnismäßig harte Strafen für aus Not begangene Eigentumsdelikte waren hier meistens die Ursache.

Die Braunschweiger Ereignisse vereinigten eine breite Skala des Protestes von altständischem Widerstandsdenken über politisch motivierte Unzufriedenheit bis zum Aufruhr aus sozialer Not. Sie zielten nicht auf eine grundlegende Veränderung der politischen und sozialen Strukturen, sondern auf die Beseitigung von konkreten Mißständen; sie hatten insofern keinen wirklich sozialrevolutionären Horizont. Die bürgerlichen Oberschichten, die eigentlichen Nutznießer der Empörung, stellten sich ihrem Interesse gemäß bald wieder gegen sie. Der Bundestag sanktionierte die Ergebnisse der Revolte, indem er sich weigerte, den vertriebenen Herzog in seine Rechte wieder einzusetzen und statt dessen seinen jüngeren Bruder zum Nachfolger bestimmte. Fürstliche Legitimität konnte auch im »System Metternich« durch Rechtsbruch und Mißwirtschaft verlorengehen. Im Oktober 1832 wurde auch in Braunschweig eine neue Verfassung verkündet.

Kurhessen hatte nach der Neuordnung von 1815 eine Restauration im weitesten Sinn des Wortes erlebt. Der aus dem Exil zurückgekehrte »Kurfürst« legte nicht einmal diesen inhaltslos gewordenen Titel ab, setzte den Code Napoléon wieder außer Kraft, stellte aufgehobene Feudalrechte erneut her, steigerte die Steuerbelastung aber noch über das ohnehin schon sehr hohe Niveau der napoleonischen Zeit hinaus. Die Landesherren scheuten sich auch nicht, ihren riesigen Land- und Forstbesitz nach Grundsätzen bester Kaufmannssitte zu verwalten, selbst mit Hilfe von Einfuhrverboten, wann immer es ging, die Lebensmittel- und Holzpreise zu steigern, und der seit 1821 regierende Wilhelm II. brüskierte das bürgerliche Moralempfinden der Zeit außerdem noch durch seine Mätressenwirtschaft. Die preußische Zollpolitik brachte für einige Landesteile erhebliche Nachteile, die gewerbliche Wirtschaft drängte zum Anschluß an die preußisch-darmstädtische Zollunion, der Kurfürst wollte jedoch keine Beschränkungen seiner Souveränität hinnehmen. In Hessen kam es 1830 ebenfalls zu einer Mißernte, welche die Nahrungsmittelpreise ansteigen ließ und die Schwierigkeiten der Kleinbauern erhöhte. Deshalb hatte sich auch hier ein erhebliches Potential an Mißmut und Erregung aufgestaut, das sich ab September 1830 in Demonstrationen und Tumulten, in der Zerstörung von Zollhäusern, im Sturm auf Schlösser, Justiz- und Forstämter, in der Vernichtung von Zehntregistern Luft machte.

Von Kurhessen griffen die Unruhen auf Hessen-Darmstadt über, vornehmlich auf die Gebiete der »Standesherren«. Der Wiener Kongreß hatte dieser vor allem im süddeutschen Raum angesessenen Gruppe von Familien des ehemaligen hohen Reichsadels eine Reihe von Privilegien garantiert, insbesondere die Lokalverwaltung, die niedere Gerichtsbarkeit und Besteuerungsrechte, die jetzt als feudalistische Residuen angeprangert wurden. Auch bei der bäuerlichen Grundentlastung galten die standesherrlichen Territorien als besonders rückständig. Überdies wirkte sich in Oberhessen die allgemeine Krise der Heimarbeit schon sehr stark aus, vor allem in der Leinenweberei. Die Unruhen im hessischen Raum nahmen teilweise so bedrohliche Formen an, daß die Nachbarstaaten bereits Truppen zur Intervention mobilisierten, die Regierungen jedoch brachten die Situation selber wieder unter Kontrolle.

Die politische Bewegung im Bürgertum wurde in Kurhessen durch Einberufung einer konstituierenden Versammlung besänftigt, die im Januar 1831 mit dem Kurfürsten eine Verfassung vereinbarte, die relativ fortschrittlichste des deutschen Frühkonstitutionalismus überhaupt. Der Landesherr war jedoch nicht bereit, sie loyal zu befolgen, und so wurde Kurhessen in den beiden folgenden Jahrzehnten zum Schauplatz erbitterter Verfassungskonflikte. Die soziale Not und die wirtschaftliche Misere in Oberhessen dauerten an. Sie waren der Hintergrund für die wenige Jahre später in diesem Raum entstandene bekannteste sozialrevolutionäre Flugschrift des Vormärz: Georg Büchners *Hessischen Landboten*.[10]

Begünstigt durch den Umstand, daß der eigentliche Landesherr seit 1714 in London residierte, hatten sich älteres deutsches Ständewesen und regionale Selbstverwaltung im Königreich Hannover während des 18. Jahrhunderts mit großer Zähigkeit behauptet, und dieser altständische Regionalismus errang auch bei der Neuordnung von 1814/15 einen vollständigen Sieg. Daher konnte der König im Jahre 1830 zum Adressaten der bürgerlichen Protestbewegung werden, die sich in erster Linie gegen das Adelsregime richtete, welches sich unter dem Grafen Münster auf der Grundlage der Ständeverfassung von 1819 herausgebildet hatte. Daneben waren aber auch verknöcherte Magistratsoligarchien Gegenstand der Angriffe. Kollektive Protestaktionen von Bauern und städtischen Unterschichten blieben begrenzt. Zentren der Unruhe waren die Städte Osterode, wo sich Anfang 1831 ein »Gemeinderat« zur Artikulierung bürgerlicher Reformforderungen konstituierte, und Göttingen, wo ein inneruniversitärer Konflikt durch Beteiligung des städtischen Kleinbürgertums zum »Privatdozentenputsch« eskalierte, der die Stadtobrigkeiten für die Dauer einer Woche völlig entmachtete. Angesichts der drohend aufmarschierten militärischen Übermacht legte die Göttinger »Nationalgarde« jedoch vernünftigerweise die Waffen kampflos nieder. Obwohl sich die Unruhen in Hannover nicht eigentlich zu einer Bedrohung für die Regierung und die gesetzliche Ordnung auswuchsen, entschloß sich der König doch, dem Beispiel der Nachbarstaaten zu folgen und unter Federführung des liberalen Staatswissenschaftlers und Historikers Friedrich Christoph Dahlmann eine frühkonstitutionelle Verfassung modernen Typs ausarbeiten zu lassen, die im September 1833 verkündet, schon vier Jahre später jedoch durch den Staatsstreich des Thronfolgers Ernst August wiederaufgehoben wurde.

Das Spektrum sozialer Unruhe im norddeutschen Raum ließe sich noch weiter differenzieren. In Oldenburg wurde ihr durch vorsorgliche Maßnahmen zur Getreideverbilligung und Arbeitsbeschaffung frühzeitig Rechnung getragen. Sehr flexibel reagierte auch der Bremer Senat, während kollektive kleinbürgerliche Protestaktionen in Hamburg Zusammenstöße mit Ordnungskräften zur Folge hatten. Preußen und Österreich blieben von der sozialen Gärung und der politischen Bewegung ebenfalls nicht ganz unberührt: In Aachen und anderen Städten der Rheinprovinz sowie in Wien brachen Arbeiterunruhen aus, in Berlin wurde für Verfassung und Pressefreiheit demonstriert, und auch im rheinischen Großbürgertum begann sich eine Verfassungsbewegung zu artikulieren. Diese Vorgänge blieben jedoch lokal begrenzt und brauchten die Regierungen nicht sonderlich zu beunruhigen.

Die linksrheinische bayerische Pfalz war in Süddeutschland um 1830 am stärksten von wirtschaftlichen Schwierigkeiten, sozialer Unruhe und politischer Bewegung geprägt. Im übrigen machten sich hier vor allem die Landtage zu Sprechern bürgerlicher Reformforderungen. Die Kammern des süddeutschen Frühkonstitutionalismus wurden zwar nur sporadisch einberufen, doch hatten sich in ihnen Vorformen parlamentarischen Lebens entwickelt. Von Teilen der Beamtenschaft und des Bildungsbürgertums getragene liberale Gruppierungen waren entstanden, welche die Verteidigung der verfassungsmäßigen Rechte der Bevölkerung gegen Restauration, Reaktion und Bürokratenherrschaft als ihre oberste Aufgabe ansahen, außerdem aber auch den Ausbau des bürgerlichen konstitutionellen Rechtsstaats voranzutreiben suchten. Dabei wurden im wesentlichen folgende Forderungen vorgebracht: wirksame Garantie der Pressefreiheit, konsequente Trennung von Justiz und Verwaltung, Einführung des öffentlichen und mündlichen Gerichtsverfahrens, Abbau adeliger, besonders standesherrlicher Privilegien, Förderung der bäuerlichen Grundentlastung, Ausbau des Petitionsrechts der Kammern zum Initiativrecht, des Steuerbewilligungsrechts zum vollen Budgetrecht, Verwirklichung der gemeindlichen Selbstverwaltung, Vereidigung des Militärs auf die Verfassung, gesetzliche Regelung der Ministerverantwortlichkeit.

Aus diesem Komplex von Forderungen wurde nun das jeweils am dringlichsten Erscheinende wieder aufgegriffen. Die Auseinandersetzungen spitzten sich dabei auf den Kampf um die Pressefreiheit und um das Budgetrecht als wirkungsvollstem parlamentarischen Machtmittel zur Regierungskontrolle zu. In Bayern gelang es dem Landtag, die Aufhebung einer restriktiven Presseverordnung und den Rücktritt des konservativen Ministers v. Schenk zu erzwingen, indem er mit einer Anklage wegen Verfassungsverletzung drohte: ein erster Präzedenzfall parlamentarischen Ministersturzes in der Geschichte des deutschen Konstitutionalismus. Von dem »stürmischen Landtag« des Jahres 1831 wurden auch erstmals erhebliche Summen im Militär- und Bauetat gestrichen, als es jedoch um die Frage ging, ob man mit dem Mittel der Steuerverweigerung weitere, allgemein politische Forderungen durchsetzen sollte, wie z. B. die Vereidigung des Militärs auf die Verfassung, spaltete sich die liberale Majorität, und es begann sich jener demokratisch-republikanische Radikalismus zu artikulieren, der wenig später auf dem Hambacher Fest voll an die Öffentlichkeit treten sollte.

In Baden verlief die Entwicklung zunächst insofern konfliktfreier, als der seit März 1830 regierende Großherzog Leopold unter dem Eindruck der Juli-Revolution ein vom badischen Beamtenliberalismus geprägtes Ministerium einsetzte. Dieses verabschiedete im Zusammenwirken mit der Majorität des Landtags eine Reihe von Reformgesetzen, u. a. ein Gesetz über die bäuerliche Grundentlastung und eine Gemeindeordnung – erstmals in Deutschland mit dem Dreiklassenwahlrecht, das dann über die rheinische Kommunalordnung in das Wahlrecht der preußischen oktroyierten Verfassung von 1848/50 Eingang fand. Die Kammer stimmte auch einem Antrag auf Einsetzung einer gewählten, gesamtdeutschen Volksvertretung neben dem Bundestag zu. Die Abgeordneten stießen aber bald wieder an die Grenze, die der inneren Bewegungsfreiheit der Einzelstaaten durch die Repressionsgesetze des Bundes gezogen waren: Ein von ihnen gegen den Rat der wohlmeinenden Regierung mit dem Mittel der Steuerverweigerung durchgesetztes liberales Pressegesetz mußte auf Anordnung des Bundes wieder suspendiert werden, was in Baden im Sommer 1832 noch einmal zu einer Welle von Protesten und Tumulten führte. Baden wurde in den folgenden Jahren zur eigentlichen Heimstatt des politischen Liberalismus in Deutschland, der hier vor allem von Professoren der Universitäten Heidelberg und Freiburg geprägt wurde. Unter Mitarbeit von Gelehrten und Publizisten aus ganz Deutschland entstand hier die große Enzyklopädie des deutschen Liberalismus, das *Staatslexikon* von Rotteck und Welcker. Und über die langen Grenzen des Landes sickerte auch ein kontinuierlicher Strom von geistiger politischer Konterbande aus der Schweiz und aus Frankreich nach Deutschland ein.

Da der letzte württembergische Landtag im Frühjahr 1830 geschlossen worden war, mußte der nächste erst Anfang 1833 einberufen werden. Trotz aller Proteste einer mittlerweile auch in Württemberg in erheblichem Maße politisierten Öffentlichkeit ließ sich die Regierung von diesem Termin nicht abbringen. Danach kam es auch bald zum Konflikt. Der Landtag stellte fest, daß die 1832 verschärften Repressionsgesetze des Bundes[11] der württembergischen Verfassung widersprächen, und verlangte demgemäß, sie in Württemberg für ungültig zu erklären. Er forderte darüber hinaus ein Mitspracherecht bei der Instruierung des württembergischen Bundestagsgesandten. Diese Aufforderung zu einer Politik offener Konfrontation gegen den Bundestag beantwortete die Regierung mit der Auflösung der Kammern, und die anschließenden Sitzungsperioden verliefen für die Liberalen so frustrierend, daß ihre prominentesten Abgeordneten schließlich auf eine Kandidatur überhaupt verzichteten und dadurch die Bildung einer gouvernementalen Mehrheitsfraktion möglich machten.

Während der Auseinandersetzungen um die Repressionspolitik des Bundes kam es in Süddeutschland fast zwangsläufig zu einer Wiederbelebung des Nationalstaatsgedankens und zu Reflexionen über die Möglichkeiten der Einigung Deutschlands. Dabei wurde der alte Triasgedanke wieder aufgegriffen. Es fanden sich aber auch schon Liberale wie der Württemberger Paul Pfizer, die Preußen die Führungsrolle in diesem Einigungsprozeß zuweisen wollten und bereit waren, unter vorläufiger Hintanstellung bürgerlicher Freiheitsforderungen sich mit einem »intelligenten Despotismus« abzufinden, wenn er nur die nationale Einigung bringe. Andere aber sahen bereits in der preußischen Zollvereinspolitik die Gefahr einer Aushöhlung des süddeutschen Konstitutionalismus, und Rotteck brachte in diesem Sinn das große Dilemma des deutschen Liberalismus im 19. Jahrhundert auf die vielzitierte Formel, er wolle »lieber Freiheit ohne Einheit, als Einheit ohne Freiheit«.[12]

3. Anfänge eines demokratischen Radikalismus

Für die allgemeine Politisierung der Öffentlichkeit im deutschen Südwesten zeugten nicht zuletzt die Zunahme der Tagespublizistik, die Differenzierung des Zeitungs- und Zeitschriftenwesens nach politischen Lagern, die Festessen für populäre Abgeordnete, die mannigfachen Konstitutionsfeiern, die Treffen gleichgesinnter Landtagsabgeordneter auch über die Landesgrenzen hinweg, die Anfänge eines planmäßig organisierten Wahlkampfes, die Vorformen der Parteibildung. Die wichtigste unter diesen war der »Deutsche Preß- und Vaterlandsverein«. Der bayerische Landtag von 1831 hatte für den linken Flügel der Liberalen mit einer herben Enttäuschung geendet, nicht so sehr wegen seiner dürftigen Ergebnisse, sondern vielmehr wegen der Haltung der liberalen Majorität, welche die Minderheit als eine Politik des »juste milieu«, des Taktierens und der Kompromisse verurteilte. Von der Sinnlosigkeit von Landtagsverhandlungen unter den restriktiven Bedingungen der Bundespolitik überzeugt, entschloß sie sich, ihre politischen Aktivitäten auf das außerparlamentarische Gebiet zu verlagern.

Diese Abgeordneten stammten zum größten Teil aus der linksrheinischen bayerischen Pfalz. Hier hatten sich aus

der Zeit der Zugehörigkeit zu Frankreich gewisse freiheit-
liche Traditionen und Institutionen behauptet, während
die wirtschaftliche Lage seit 1814 immer schlechter geworden, die Steuern dagegen erhöht worden waren. Man hatte
das Gefühl, die pfälzischen Interessen würden bei der
bayerischen Zollpolitik der ausgehenden zwanziger Jahre
zu wenig berücksichtigt. Die Zollunion zwischen Preußen
und Hessen-Darmstadt erschwerte die Ausfuhr vor allem
des Weins, und überdies kam es auch hier in den Jahren
1830/31 zu Mißernten und einer entsprechenden Teue-
rung. Vor diesem Hintergrund wurde Anfang Februar
1832 im Anschluß an ein Festessen zu Ehren des Abgeordneten Schüler der »Deutsche Preß- und Vaterlandsverein«
gegründet, dem sich in kurzer Zeit eine große Zahl von
Ortsvereinen vornehmlich aus denjenigen Staaten des
Bundes anschloß, die nach der Juli-Revolution von starker
politischer und sozialer Unruhe erfüllt gewesen waren:
Hessen, Hannover, Braunschweig und Sachsen. Das Ziel
der Bestrebungen des Vaterlandsvereins war nach dem
offiziellen Programm die Wiedergeburt Deutschlands und
die Organisation Europas »im demokratischen Sinn auf
gesetzmäßigem Wege«[13] – die Schriften und Reden seiner
Protagonisten zielten konkreter auf die unitarische deutsche Republik. Über den Weg zu diesem Ziel gab es
offenbar Meinungsunterschiede: Wirth und Siebenpfeiffer
glaubten anscheinend, daß sich diese Erneuerung Deutschlands zuerst im Bewußtsein der Menschen vollziehen
müsse und daß sich die politische Realität diesem veränderten Bewußtsein geradezu »von selbst« anpassen werde.
Schüler und seine Freunde setzten dagegen stärker auf die
direkte Aktion, schlossen dabei auch eine Schützenhilfe
Frankreichs nicht aus, wandten sich auch stärker an die
einfachen Bevölkerungsschichten, während Wirth seine
Propaganda überwiegend an bürgerliche Kreise richtete.
Unter den Mitgliedern des Vaterlandsvereins waren Handwerker und Kleinbürger am stärksten vertreten. Politi-

sches Interesse und Engagement waren offensichtlich nicht mehr auf die Oberschicht begrenzt. In den Komitees und Vorständen dominierte jedoch die bürgerliche Intelligenz.

Die öffentliche Agitation des Vaterlandsvereins blieb den Behörden natürlich nicht verborgen; schon Anfang März 1832 wurde er verboten. Als Höhepunkt einer Vielzahl von Freiheitsfesten und Versammlungen konnten seine Gründer mit Duldung der bayerischen Regierung Ende Mai aber doch noch eine große Verfassungsfeier auf der Schloßruine Hambach bei Neustadt durchführen. Dieses Fest entwickelte sich zur ersten politischen Massendemonstration Deutschlands mit mehr als 20 000 Teilnehmern, darunter auch Emigranten der polnischen Revolution und eine französische Abordnung. Die Reden dieses Festes durchzieht ein ständiger Widerspruch zwischen der Verkündigung demokratisch-republikanischer Ziele, die im damaligen Bund nur auf revolutionärem Weg zu erreichen waren, und dem aus Einsicht in die realen Verhältnisse geborenen Bemühen der Veranstalter, das Volk nicht zu direkter Aktion aufzurufen. Auch über das weitere Vorgehen im Anschluß an das Fest konnten sie sich nur schwer einigen: Der Vorschlag, sich als Vertretung des deutschen Volkes zu konstituieren und eine provisorische Regierung zu bilden, wurde vernünftigerweise abgelehnt, und so beschloß man im Grunde lediglich, Politik und Organisation des Vaterlandsvereins so lange wie möglich unter dem Namen eines deutschen Reformvereins fortzusetzen. Das Verbot aller politischen Vereine durch den Bund machte allerdings auch diesem Versuch zur Parteibildung bald ein Ende.

Ohne Rücksicht auf nüchtern kalkulierte Erfolgsaussichten handelte ein Kreis von Studenten und jungen Akademikern, der im April 1833 mit einem Putsch gegen den Bundestag das Signal für eine allgemeine nationale Revolution geben wollte. Obwohl seit 1819 verboten, hatten die Burschenschaften nie ganz zu bestehen aufgehört, und auch jener Radikalismus der Gießener »Unbedingten« war nicht ganz erloschen, die den politischen Mord aus ethischer Überzeugung als sittliche Tat gerechtfertigt hatten. In Reaktion auf die schon 1832 wieder verschärfte Repressionspolitik des Bundestages kam ein Stuttgarter Burschentag im Dezember 1832 zu der Auffassung, daß die Idee einer Revolution von der Mehrheit des Volkes mittlerweile bejaht werde, legte sich auf eine »praktisch-politische Tendenz« fest und bezeichnete den Weg der Revolution als den gegenwärtig einzig möglichen, um die Freiheit und Einheit Deutschlands zu erreichen.[14]

Aus diesem Geist entstand der Plan zu einer Aktion gegen den Bundestag. Ein burschenschaftlicher Zirkel in Heidelberg war das Zentrum der Vorbereitungen. Die Behörden erfuhren zwar von dem Projekt, nahmen es aber offenbar nicht ernst. So glückte zwar der Sturm auf die Frankfurter Hauptwache, zur geplanten Festnahme der Bundestagsgesandten kam es aber nicht, da die erwartete allgemeine Signalwirkung ausblieb, die Frankfurter Bevölkerung in passiver Neugier verharrte und von dem erhofften Übertritt regulärer Truppen schon gar keine Rede war. Der Putschversuch verpuffte. Die Beteiligten wurden, soweit man sie festnehmen konnte, zu meist lebenslangen Freiheitsstrafen verurteilt, in den vierziger Jahren jedoch begnadigt, nachdem einer beträchtlichen Anzahl von ihnen bereits vorher mit Hilfe von Sympathisanten die Flucht aus dem Gefängnis gelungen war.

Die revolutionäre Glut, die das Jahr 1830 auch in Deutschland entzündet hatte, flammte ein letztes Mal im *Hessischen Landboten* auf, einer Flugschrift, welche Georg Büchner zusammen mit dem Pfarrer Ludwig Weidig verfaßte. Ihr sozialer Bezugsrahmen ist die von Verarmung und Not geprägte Welt des oberhessischen Kleinbauerntums. Büchner war als Student in Straßburg mit einer bewußt an Robespierre anknüpfenden revolutionären Vereinigung in Berührung gekommen. Von ihm stammen wohl die auf den bürgerlichen Klassenstaat bezogenen und gegen den Reichtum in jeder Form gerichteten Elemente des *Landboten*, von Weidig dagegen der Appell an den heiligen Zorn des von Adel und ungerechter Obrigkeit geschundenen gemeinen Mannes und die apokalyptischen Visionen. Unter dem Motto *Friede den Hütten – Krieg den Palästen* rief die Flugschrift das Volk auf, sich gegen Knechtschaft und Ausbeutung zu erheben und sich die ursprüngliche Freiheit und Gleichheit wieder zu erkämpfen: »Deutschland ist jetzt ein Leichenfeld, bald wird es ein Paradies sein.«[15]

Der *Hessische Landbote* sollte nur der Beginn einer Mehrzahl unterschiedlicher, auf die spezifischen Nöte und Interessen bestimmter Bevölkerungskreise zugeschnittener revolutionärer Propagandaschriften sein, doch schon unmittelbar nach seinem heimlichen Druck in einem Offenbacher Keller kam die Polizei auf die Spur des Kreises von etwa 20 Personen, der hinter dem Unternehmen stand. Büchner konnte in die Schweiz fliehen. Weidig nahm sich, nach zweijähriger Untersuchungshaft unter unwürdigsten Verhältnissen seelisch zermürbt, im Gefängnis das Leben.

Der Bundestag beantwortete die soziale Unruhe in den Unterschichten und das politische Aufbegehren im Bürgertum vom Hochsommer 1830 an mit einer Reihe von Präventiv- und Repressivmaßnahmen. Noch im Oktober 1830 wurde die Möglichkeit zu bewaffneter Intervention bei revolutionären Unruhen in einzelnen Bundesstaaten auch ohne deren Ersuchen geschaffen, die Kontingente des Bundesheeres in Alarmbereitschaft gesetzt und eine strenge Handhabung der Zensur angeordnet. Im Juni 1832 wurde allen Regierungen eine restriktive Handhabung und Auslegung der landständischen Verfassungen zur Pflicht gemacht, insbesondere festgelegt, daß die Kammern ihr Steuerbewilligungsrecht nicht als Druckmittel zur Durchsetzung politischer Forderungen mißbrauchen dürfen. Einen Monat später verschärfte der Bundestag die Zensurbestimmungen, verbot politische Vereine, Versammlungen und Festveranstaltungen und beschloß Maßnahmen zur strengen Überwachung aller Reisenden und auffälligen Personen sowie zur wechselseitigen Auslieferung politisch Verdächtiger. Er setzte erneut eine zentrale Untersuchungskommission für politische Straftaten ein und verschärfte die Karlsbader Beschlüsse zur Überwachung der Universitäten. Jeder Burschenschaftler mußte künftig mit einem generellen Berufsverbot auch außerhalb des Staatsdienstes rechnen. In den geheimgehaltenen Beschlüssen der Wiener Konferenzen vom Juni 1834 wurden all diese Repressivmaßnahmen in 60 Artikeln noch einmal präzisiert und zusammengefaßt. Im Januar 1835 tauchten dann nach den Studenten erstmals die Handwerksgesellen als spezifisches Objekt polizeilicher Überwachung auf: Ihre Wanderschaft sollte streng kontrolliert werden, Gesellenverbindungen politischer Art wurden untersagt. Im Dezember 1835 ging der Bund auch noch über die bisherige Praxis genereller Zensurvorschriften insofern hinaus, als er eine ganze Gattung literarischer und feuilletonistischer Zeitkritik verbot: die Schriften des *Jungen Deutschland*. So wurde noch einmal versucht, mit dem Werkzeug des Polizeistaats der sozialen Unruhe, des geistigen Aufbruchs und der politischen Bewegung Herr zu werden.

V. Vormärz

1. Der politische Liberalismus
zwischen Konservativismus und radikaler Demokratie

Das Jahrzehnt vor dem Ausbruch der Revolution von 1848 ist in Deutschland durch eine zunehmende Verelendung breiter Bevölkerungsschichten und ein wachsendes Krisenbewußtsein geprägt. Der »Pauperismus« und die »Soziale Frage« wurden jetzt zu den am meisten diskutierten Themen der Tagesliteratur. Zugleich begannen sich innerhalb der Gesellschaft die politischen Lager klarer und bewußter voneinander abzusetzen. Aus politischen Denkströmungen entwickelten sich Vorformen des politischen Parteiwesens. Parteien im heutigen Sinne konnten im deutschen Vormärz schon deshalb nicht entstehen, weil die Gesetzgebung des Deutschen Bundes jede politische Vereinsbildung untersagte und die Geschäftsordnungen der Landtage die Fraktionsbildung eher bewußt behinderten als förderten. Sich dem Mehrheitswillen einer Partei oder Fraktion unterzuordnen widersprach darüber hinaus dem Ideal des unabhängigen, überzeugungstreuen, nur seinem Gewissen verantwortlichen Volksvertreters. Der Begriff der Partei war noch lange mit der Vorstellung partikularer, dem Gemeinwohl widersprechender Interessenvertretung behaftet. Trotzdem liegen die Anfänge des deutschen Parteiwesens im Vormärz. Aus den bescheidenen Wirkungsmöglichkeiten dieser Parteien erklärt es sich, daß in ihrer Programmatik das theoretische Moment überwiegt, zu Grundproblemen der Tagespolitik aber selten konkret Stellung bezogen wird. Erst am Vorabend der Revolution, in den Programmen der Liberalen und der Demokraten vom Herbst 1847, sollte sich das ändern.

Der politische Liberalismus entwickelte sich als Ideologie der bürgerlichen Emanzipation in der Zeit des Übergangs von der ständischen Gesellschaft des Absolutismus zur egalitären Demokratie. Seine Anfänge lassen sich bis in das 18. Jahrhundert zurückverfolgen, als die politischen Ideen der europäischen Aufklärung auch in Deutschland in unterschiedlicher Brechung rezipiert wurden. Nicht Autorität und ständische Gebundenheit, sondern Freiheit und Selbstverantwortung bildeten für den Liberalismus das beste Regulativ für die Erreichung höchstmöglicher individueller und gesellschaftlicher Wohlfahrt. Die Freiheit des einzelnen beruhte auf seinen naturgegebenen und unveräußerlichen Menschen- und Bürgerrechten, sie fand ihre Grenze dort, wo sie die gleichen Grundrechte anderer verletzen konnte. Menschliche Gleichheit galt für den älteren Liberalismus nur vor Gott und vor dem Gesetz; soziale Ungleichheit wurde als naturgegeben hingenommen und politische Ungleichheit, z. B. beim Wahlrecht, als vernünftig verteidigt. Der klassische deutsche Liberalismus war antiegalitär. Seine gesellschaftspolitischen Zielvorstellungen richteten sich auf eine klassenlose Bürgergesellschaft selbständiger Existenzen in Stadt und Land.[16] Seine soziale Basis sah der Liberalismus im Mittelstand. Er war in seinen Augen der eigentliche Kern des Volkes; er hatte demgemäß Anspruch auf den entscheidenden Einfluß im Staat. Da der Mittelstand nach liberaler Vorstellung bis hinab zu den einfachen Handwerkern und Bauern reichte, konnte jeder mit Fleiß und Sparsamkeit in diesen Mittelstand aufsteigen; eine verbesserte Schul- und Berufsausbildung stellte eine wichtige Voraussetzung dar. Dieses Mittelstandsdenken war progressiv, solange es einen dem gesellschaftlichen Gewicht des Bürgertums entsprechenden Anteil an der politischen Macht verlangte. Es drohte zur Klassenideologie zu werden, wenn der Aufstieg in die bürgerliche Eigentümergesellschaft einem immer größer werdenden Teil des Volkes nicht mehr möglich war. Der Liberalismus erkannte deutlich, daß die Auflösung der ständischen Gesellschaft und der Zerfall der umfassenden

Lebensgemeinschaft des »ganzen Hauses« zu Vereinzelung, Vermassung und zum Verlust sozialer Sicherheit führten. Er hoffte jedoch, daß sich nach einer krisenhaften Übergangszeit auf der Grundlage freiwilliger Assoziation neue Strukturen gesellschaftlicher Gliederung bilden würden. Dies war für ihn der eigentliche Kern der sozialen Frage am Vorabend der Industrialisierung in Deutschland.

In seinen verfassungspolitischen Konzeptionen befürwortete der ältere deutsche Liberalismus in der Nachfolge Montesquieus eine möglichst gleichgewichtige Teilung der Staatsgewalt. Das System des deutschen Frühkonstitutionalismus wurde nicht prinzipiell in Frage gestellt, seine restriktive Auslegung aber beklagt, und in einigen Punkten wurden Reformen gefordert. Befürworter der parlamentarischen Regierungsweise meldeten sich erst im ausgehenden Vormärz zu Wort. Die Idee der Volkssouveränität wurde ebenso verworfen wie der Gedanke an ein allgemeines und gleiches Wahlrecht.

Für die machtpolitische Vertretung der deutschen Interessen gegenüber dem Ausland und für eine gedeihliche Entwicklung im Innern war nach Ansicht der Liberalen die Gründung eines deutschen Nationalstaates unabdingbar. Der Deutsche Bund war von Anbeginn Produkt und Instrument der Restauration, er hatte sich durch seine Repressionspolitik völlig diskreditiert; seine Ordnung sollte jedoch nicht revolutionär beseitigt, sondern evolutionär weiterentwickelt werden, z. B. durch die Einsetzung einer gewählten gesetzgebenden Nationalrepräsentation neben dem Bundestag oder durch den Ausbau des Zollvereins zu einem engeren Bund mit eigener Volksvertretung. Der Gedanke an eine Revolution lag dem älteren deutschen Liberalismus fern. Er hat in ihr stets nur ein Unglück und eine Gefahr, nie aber eine Chance oder gar ein Prinzip des geschichtlichen Fortschritts gesehen.

Die Sprecher des deutschen Liberalismus waren zunächst Vertreter der bürgerlichen, beamteten Intelligenz, vor allem Professoren der Rechts-, Staats- und Geschichtswissenschaft sowie hohe Beamte aus Justiz und Verwaltung. In den Jahrzehnten nach der Juli-Revolution meldeten sich auch verstärkt die Vertreter eines aufsteigenden Wirtschaftsbürgertums vor allem aus dem Rheinland, Sachsen und Schlesien zu Wort. Über das Forum der einzelstaatlichen Landtage hinaus standen die Liberalen durch Reisen, Korrespondenz und ihre Publikationen untereinander in Verbindung, im ausgehenden Vormärz traf man sich auch auf wissenschaftlichen Kongressen, die den Charakter »geistiger Landtage« annahmen. Als sieben Göttinger Professoren im Jahre 1837 gegen die Aufhebung der Hannoverschen Verfassung protestierten und das mit dem Verlust ihrer Stellung bezahlen mußten, konstituierte sich der deutsche Liberalismus in Kundgebungen der Solidarität auch als nationale Bewegung vor der deutschen und der internationalen Öffentlichkeit. In dem schon erwähnten *Staatslexikon* schuf er sich seine *Enzyklopädie der sämtlichen Staatswissenschaften für alle Stände*. Die seit Juli 1847 in Heidelberg erscheinende *Deutsche Zeitung* wurde bewußt als Blatt der liberalen Partei zur Propagierung der politischen Einigung Deutschlands gegründet, und im Oktober 1847 formulierten führende Liberale aus dem Rheinland und Südwestdeutschland erstmals eine Art liberales Parteiprogramm: Oberstes Ziel war auch hier die Einrichtung eines gesamtdeutschen Parlamentes.

Wie in ganz Europa, so entwickelte sich auch im Deutschen Bund der Konservativismus in der Auseinandersetzung mit der Französischen Revolution zu einer bewußten Staats- und Gesellschaftsauffassung. Nach seinem Selbstverständnis vertrat er nicht die reaktionäre Negation jeden Fortschritts in Gestalt der Gegenrevolution, sondern das Gegenteil der Revolution, nämlich die positive Antithese zum Umsturz alles Bestehenden. Wesentliche Grundlagen dieser Weltanschauung waren die Ablehnung des Rationalismus und die Verurteilung der Entchristlichung der Welt, die unbedingte Anerkennung dagegen des Rechts und das Eintreten für die Legalität des historisch Gewachsenen. In der Französischen Revolution sahen die Konservativen einen hybriden Versuch, Staat und Gesellschaft nach den Postulaten abstrakter Spekulation neu zu organisieren. Das Scheitern der Revolution war für sie der beste Beweis für die Richtigkeit ihrer Thesen. Aus der antirationalistischen Grundhaltung der Konservativen ergab sich auch eine kritische Distanz zum Aufgeklärten Absolutismus. Ihr korporatives Gesellschaftsbild brachte sie in Konflikt mit dem zentralistischen Verwaltungsstaat. Ihr Staatsideal war der ständisch-korporative Patrimonialstaat. Daß dieser keine Zukunft mehr hatte, begann man auch im konservativen Lager gegen Ende des Vormärz einzusehen; für eine Aussöhnung des Konservativismus mit einem vom monarchischen Prinzip geprägten Konstitutionalismus suchte vor allem Friedrich Julius Stahl zu wirken.

Die monarchische Gewalt war für die Konservativen göttlich legitimiert. Die gesellschaftliche Ordnung hatte die ebenfalls gottgewollte Ungleichheit unter den Menschen zu respektieren, und diese verlangte nach einer organisch geordneten und hierarchisch gestuften Gliederung, welche jedem Stand seinen spezifischen Ort und seine eigentümliche Aufgabe zuwies. Die über ihren Besitz mit dem Schicksal des Staates unlösbar verbundenen Grundeigentümer waren die eigentlich staatstragende Schicht. Jahrhundertelange Verdienste seiner Familien um den Staat gaben dem Adel eine besondere Dignität. Von den Vertretern der gesellschaftlichen Stände konnte sich der Monarch bei seinen Entscheidungen beraten lassen, die Verantwortung dafür trug er letztlich allein.

Bestehendes Recht, verbriefte Privilegien und verbürgtes Eigentum durften nach konservativer Auffassung nicht angetastet werden. Jede Fortbildung des Rechts, deren Notwendigkeit auch von den Konservativen nicht bestritten wurde, mußte durch freiwillige Zustimmung der Betroffenen legitimiert werden. Soweit das Dasein des Menschen in der Zeit Veränderungen seiner Lebensformen nötig macht, sollten sie nur auf dem Weg behutsamer Reform durch Fortentwicklung gewachsener Strukturen erfolgen. Die universale Rechtsordnung des mittelalterlichen Reiches war in den Augen der Konservativen Vorbild für ein geregeltes Zusammenleben mächtiger und minder mächtiger Mitglieder des europäischen Staatensystems. Dem Nationalstaatsgedanken standen sie ablehnend gegenüber, weil er dem Prinzip einer universal gedachten Rechtsordnung das Prinzip des nationalen Egoismus entgegenstellte und die Staaten in ständige Kämpfe um Prestige, Macht und Interessen zu verwickeln drohte.

Mit der transzendentalen Begründung der Staats- und Gesellschaftsordnung ließ sich eine Unterwerfung der Kirche unter die Autorität des Staates nicht vereinen. Die Unabhängigkeit der Kirche vom Staat zu sichern und gleichzeitig ihren Einfluß im Staat zu bewahren gehörte zu den Grundforderungen der Konservativen, ganz besonders im Bereich von Ehe, Familie und Unterrichtswesen. Die Ursachen für die sozialen Mißstände der Zeit suchten sie vor allem in der Zerstörung aller korporativen Ordnungen, organischen Bindungen und patrimonialen Strukturen mit ihren wechselseitigen Schutz- und Dienstverpflichtungen. In der Neubegründung korporativer genossenschaftlicher Selbsthilfeeinrichtungen sahen konservative Sozialpolitiker den besten Weg zur Lösung der sozialen Frage. Sie riefen die Besitzenden, den Staat und die Kirchen zu einer über das Gebot christlicher Caritas hinausgehenden Beteiligung an entsprechenden Bestrebungen auf.

Die Gründung des *Berliner politischen Wochenblatts* im Herbst 1833 zeigte, wie sich auch der Konservativismus unter dem Eindruck der Juli-Revolution zu einer bewußten Einflußnahme auf die politische Öffentlichkeit gedrängt fühlte. Historische Tradition, staatliche Autorität und christlicher Glaube sollten im Kampf gegen einen falschen Liberalismus zusammengeführt werden. Aufgrund seiner Kritik am alles reglementierenden bürokratischen Obrigkeitsstaat fand das *Wochenblatt* auch in Regierungskreisen nur begrenzte Zustimmung, und als der Kölner Bischofsstreit dann noch zu einem schweren Konflikt zwischen der katholischen Kirche und der preußischen Monarchie führte, geriet es in eine so widersprüchliche Position zwischen Regierungstreue und Opposition, daß es sein Erscheinen 1841 einstellte.

Der Kölner Bischofsstreit war auch der entscheidende Anlaß dafür, daß jetzt der politische Katholizismus als eigenständige Bewegung an die Öffentlichkeit trat. Dieser Konflikt entzündete sich an der Frage der katholischen Erziehung von Kindern mit Eltern verschiedener Konfessionszugehörigkeit, da der seit 1835 amtierende Kölner Erzbischof v. Droste-Vischering den Kompromiß verwarf, den sein Vorgänger in dieser Frage eingegangen war. Zur selben Zeit wurde die rationalistische Theologie des »Hermesianismus«, der die theologische Fakultät der Universität Bonn weitgehend anhing, vom Vatikan verworfen. Der preußische Staat weigerte sich jedoch, die vom Lehrverbot der Kurie betroffenen Professoren zu entlassen: Die Problematik des Kulturkampfes wurde hier bereits vorweggenommen. Der äußere Höhepunkt des Konfliktes war erreicht, als der Kölner Erzbischof im November 1837 verhaftet und auf die Festung Minden gebracht wurde. Dieses Ereignis rief eine ungeheure Welle der Empörung im deutschen, aber auch im französischen und belgischen Katholizismus hervor. Die tief eingewurzelten antipreußischen Animositäten im Rheinland und in Westfalen wurden neu belebt. Ein gewaltiger Flugschriftenstreit entzündete sich, in welchem die Freiheit der Kirche vom Staat gefordert, zugleich aber auch ihre Privilegierung und die Festigung ihrer Stellung im öffentlichen Leben, vor allem im Unterrichtswesen, verlangt wurde.

Als Organ dieses politischen Katholizismus wurden im

Jahre 1838 die bis heute erscheinenden *Historisch-politischen Blätter für das katholische Deutschland* von Joseph Görres gegründet. Auf der Grundlage des organischen Gesellschaftsdenkens des Konservativismus traten sie in der Verfassungspolitik für eine ständisch verfaßte Monarchie ein, in der nationalen Frage für die Wiederherstellung eines Reiches unter dem Zepter des Hauses Habsburg. Der politische Katholizismus bekämpfte aber nicht nur den liberal-demokratischen, säkularistischen »Jakobinismus von unten«, sondern auch den bürokratisch-obrigkeitsstaatlichen »Jakobinismus von oben«[17], und er nahm für sich und die Kirche einen großen Teil der liberalen Freiheitsrechte in Anspruch, z. B. die Pressefreiheit sowie die Vereinigungs- und Versammlungsfreiheit. Daher gab es durchaus Bereiche, in denen sich Liberalismus, politischer Katholizismus und Konservativismus in der Kritik an den innenpolitischen Verhältnissen des deutschen Vormärz trafen. Aus unterschiedlichen Motiven und Zielen standen sie im Kampf gegen den bürokratischen Verwaltungsstaat Seite an Seite.

Im Hinblick auf die soziale Frage waren die Grundpositionen des politischen Katholizismus ähnlich, die aktuellen Forderungen dagegen konkreter und gegenwartsnäher als die des Konservativismus. So wurde z. B. die Einführung von Schutzzöllen zur Bekämpfung von Arbeitslosigkeit und Pauperismus verlangt sowie eine gesetzliche Begrenzung der Arbeitszeit und der Kinderarbeit als Anfang einer umfassenden Arbeiterschutzgesetzgebung. Durch Ehebeschränkungen sollte der Bevölkerungsanstieg gestoppt werden. Die Verbesserung der Bildungschancen für die Unterschichten, die Wiederbelebung korporativer Strukturen im Handwerk und die Förderung der Eigentumsbildung waren weitere Forderungen des katholischen Sozialprogramms.

Ist diese Form des politischen Katholizismus überwiegend von Konservativismus und theologischer Restauration geprägt, so der »Deutschkatholizismus« von rationalistischer Theologie und demokratischem Gesellschaftsverständnis. Als die Ausstellung des Heiligen Rocks von Trier 1844 in kürzester Zeit eine Massenwallfahrt von rd. einer Million Gläubigen auslöste, protestierte der schon vorher mit der Kurie zerstrittene schlesische Kaplan Ronge gegen diesen Rückfall in einen nach seiner Meinung bigotten Reliquienkult, gefiel sich in der Rolle eines neuen Luther, rief Katholiken und Protestanten zur Errichtung einer gemeinsamen deutschen Nationalkirche auf und begründete in diesem Sinne 1845 auf einem Konzil in Leipzig den Deutschkatholizismus. Dieser kannte nur die beiden Sakramente der Taufe und des Abendmahls und organisierte sich in einer urgemeindlichen Presbyterialverfassung. 1847 gab es rd. 250 Gemeinden mit etwa 60 000 Mitgliedern, darunter etwa einem Drittel ehemaliger Protestanten. Seine soziale Basis lag im unteren Mittelstand in Stadt und Land; seine Hauptverbreitungsgebiete waren Schlesien und Sachsen. Ronge stand von Anfang an in engem Kontakt zu prominenten Vertretern des politischen deutschen Radikalismus im Vormärz. Überhaupt verschwimmen im Deutschkatholizismus die Grenzen zwischen religiöser Sekte und politischer Partei. Die deutschkatholischen Gemeinden bildeten demgemäß auch einen nicht zu unterschätzenden organisatorischen Rückhalt der demokratischen Bewegung Sachsens, und Vergleichbares läßt sich auch für die protestantischen »Lichtfreunde« in der preußischen Provinz Sachsen zeigen: Rationalistische Kritik an einer in das System der politischen Restauration eingebundenen orthodoxen Theologie wurde auch hier zur Grundlage einer oppositionellen Massenbewegung kleinbürgerlicher Schichten, die sich während der Revolution von 1848 überwiegend im demokratischen Lager engagierten.

Seit Beginn der dreißiger Jahre löste sich allmählich ein eigenes demokratisch-republikanisches Lager vom breiteren Spektrum des politischen Liberalismus ab. Die Vorgeschichte des Hambacher Festes liefert dafür ein anschauliches Beispiel. Die »deutschen Jakobiner« der Ära der Französischen Revolution waren die Vorfahren dieses Radikalismus, der auch in der burschenschaftlichen Linken bis hin zum Frankfurter Hauptwachensturm weitergelebt hatte. Mit der bürgerlich-liberalen Bewegung verband die Demokraten die Gegnerschaft gegen das System der politischen Represssion im Deutschen Bund, und hinter dieser gemeinsamen Frontstellung traten die Unterschiede vorerst zurück. Während aber das liberale Programm auf eine Weiterentwicklung der Bundesverfassung und des monarchischen Konstitutionalismus ausgerichtet war, stellten es die Demokraten von ihrem Verständnis von Freiheit und Gleichheit her radikal in Frage.

Freiheit bedeutete für die Demokraten die Möglichkeit zu tätiger Selbstbestimmung und Selbstverwirklichung jedes einzelnen. Das Gemeinwesen war auf der Basis nicht nur der rechtlichen, sondern auch der politischen Gleichheit so zu organisieren, daß diese Selbstbestimmung so weit wie möglich gewährleistet war. Das verlangte zunächst die Einführung des allgemeinen und gleichen, direkten aktiven und passiven Wahlrechts auf allen Ebenen des öffentlichen Lebens bis hinab zu den Gemeindeverfassungen und darüber hinaus die Beseitigung aller Zensusschranken vor der Zulassung zum Geschworenenamt und vor der Mitgliedschaft in der Bürgerwehr. Es erforderte schließlich die Verbesserung des Volksschulwesens und die Unentgeltlichkeit des Unterrichts auf allen Stufen.

Alle öffentliche Gewalt hatte vom Volk auszugehen und mußte vom Volk kontrolliert werden; die Demokraten bekannten sich zum Prinzip der Volkssouveränität, ihre Staatsvorstellungen zielten folgerichtig auf die Einführung der Republik, auch wenn das aus pragmatischen Gründen nicht überall mit letzter Konsequenz ausgesprochen wurde. Vereinzelt waren auch schon Elemente einer plebiszitären oder direkten Demokratie zu erkennen.

Die persönliche Freiheit, verstanden als die Möglichkeit zur freien Entfaltung der individuellen Anlagen, war für die Demokraten aber auch durch die soziale Unfreiheit und Ungleichheit bedroht: Das Recht auf menschenwürdige Existenz war eines der wichtigsten Grundrechte, es wurde der liberalen Garantie des Privateigentums übergeordnet. Der einzelne hatte ein Recht auf Arbeit, konnte er sie nicht finden, mußte ihm die Gesellschaft die Mittel für eine menschenwürdige Existenz verschaffen, ihn zumindest vor dem Hungertod retten. Im Unterschied zu Sozialisten oder Kommunisten sahen die Demokraten das Heil aber nicht in einem radikalen Umsturz der Eigentumsverhältnisse, sondern im allmählichen Ausgleich der Besitzverteilung und in einer Neuordnung der Beziehungen zwischen Kapital und Arbeit. Als konkrete Schritte auf diesem Weg wurde u. a. die damals noch als schlichtweg kommunistisch geltende Einführung stark progressiv gestaffelter Einkommens-, Vermögens- und Erbschaftssteuern vorgeschlagen, die Aufhebung der indirekten, Angehörige der Unterschichten überproportional stark belastenden Verbrauchsabgaben, die Aufteilung von staatlichem, kirchlichem und kommunalem Grundbesitz, die Zulassung und Förderung von Arbeiter-Assoziationen, eine staatliche Garantie von Mindestlöhnen u. a. m.

Deutsche Demokraten und Republikaner konnten sich im Vormärz fast nur in der Emigration artikulieren. Erst im September 1847 konstituierten sie sich mit dem Offenburger Programm in Baden zur politischen Partei und grenzten sich als die »Ganzen« von den liberalen »Halben« ab. Das volle Ausmaß ihrer Zielsetzung wurde dabei aber doch noch verschleiert und erst im Frankfurter Vorparlament Ende März 1848 offen enthüllt: die soziale, demokratische, unitarische deutsche Republik.

Sozialistische und kommunistische Vorstellungen im engeren Sinn des Wortes sind vor allem im Umfeld der

Vereine anzutreffen, in denen sich nach der Juli-Revolution emigrierte deutsche Intellektuelle und Handwerker in der Schweiz und in Frankreich, später auch in Belgien und England zusammenfanden und in denen sich auch die Anfänge der deutschen Arbeiterbewegung entwickelten. Am wichtigsten wurde dafür der »Bund der Geächteten« in Paris, der 1830 als landsmannschaftlicher Klub gegründet wurde, sich 1832 zu einer »Filiale« des »Deutschen Preß- und Vaterlandsvereins« umwandelte und 1834 schließlich geheimbündlerische Formen annahm. In seiner Programmatik vertrat der Bund im wesentlichen die sozialen und politischen Forderungen der demokratischen Republikaner.

Man teilte die Ansicht vieler Theoretiker der sozialen Bewegungen der Zeit, daß die Dynamik des liberalen Wirtschaftssystems notwendig zur Polarisierung der Gesellschaft in zwei Klassen führen werde: in die Klasse der wenigen, alles Besitzenden und die politische Macht Usurpierenden und in die Klasse der übergroßen Mehrheit, der Besitzlosen und politisch Entrechteten. Im Gegensatz zu Lorenz v. Stein, der damit seine Forderung nach einem Königtum der sozialen Reform begründete, und im Unterschied zu Marx und Engels, die das Ende dieser naturnotwendigen Entwicklung im revolutionären Sieg des Proletariats über die Bourgeoisie sahen, forderten die Theoretiker des »Bundes der Geächteten«, Schuster und Venedey, daß sich die in ihrer Existenz bedrohten Kleinproduzenten und die Arbeiter mit Staatshilfe zu genossenschaftlichen Assoziationen in Nationalwerkstätten zusammenschlossen, um sich so gegen den Konkurrenzdruck des Großkapitals behaupten zu können: ein Gedanke, den Lassalle in der Entstehungsphase der sozialdemokratischen Partei wieder aufgreifen sollte.

Nachdem die berüchtigte Schweizer »Flüchtlingshatz« eine neue Welle deutscher Emigranten nach Frankreich getrieben hatte, spaltete sich vom »Bund der Geächteten«

der »Bund der Gerechten« ab. Für seine Ausrichtung wurde zunächst Wilhelm Weitling bestimmend, der eine irrational-religiöse Spielart des frühen deutschen Radikalismus verkörperte. Er entwickelte aus den Idealen des Urchristentums heraus das Modell einer auf Gütergemeinschaft und allgemeiner gleicher Arbeitspflicht beruhenden Gesellschaft. Die vollkommene Gesellschaft absoluter Gleichheit konnte nach seiner Überzeugung nur durch den radikalen Umsturz der Eigentumsverhältnisse verwirklicht werden, und dieser wiederum war ohne revolutionäre Gewalt nicht vorstellbar.

Ähnlich wie der »Bund der Geächteten« hatte auch der »Bund der Gerechten« Filialvereine, u. a. in Brüssel, und dieser wurde 1847 unter dem Einfluß von Marx und Engels in »Bund der Kommunisten« umgetauft. Marx war nach dem Verbot der von ihm redigierten *Rheinischen Zeitung* 1843 nach Paris gekommen, hatte sich dort weiter mit der Philosophie Hegels, den französischen Frühsozialisten und der klassischen Ökonomie auseinandergesetzt und war 1845 mit dem Wuppertaler Fabrikantensohn Friedrich Engels zusammengetroffen, der noch im selben Jahr sein Buch über die Lage der arbeitenden Klasse unter den Bedingungen der Industrialisierung in England verfaßte. 1845 aus Paris ausgewiesen, siedelten Marx und Engels nach Brüssel über, kamen bei der Arbeit an gemeinsamen Schriften zu einer weiteren Klärung ihrer theoretischen Positionen und verfaßten schließlich im Auftrag des »Bundes der Kommunisten« um die Jahreswende 1847/48 als Programm und Kampfschrift das *Manifest der Kommunistischen Partei*: einen von großartiger Einseitigkeit geprägten Entwurf für eine Analyse der Faktoren, die mit naturgesetzlicher Notwendigkeit die Geschichte der menschlichen Gesellschaft seit ihren Anfängen im Kampf der Klassen bestimmen. Seine Gegenwart war für Marx die Epoche, in der aller Besitz und alle politische Macht sich in den Händen der Bourgeoisie konzentrierte, alle anderen Klassen aber von ihr entweder aufgesogen oder in die große Masse des besitzlosen Proletariats hinabgestoßen wurden. Im entscheidenden revolutionären Endkampf aber siege das von der kommunistischen Partei geführte internationale Proletariat. Es nähme die Produktivkräfte (d. h. die Grundlagen und Mittel der Gütererzeugung) in seinen Besitz und richte die Produktionsverhältnisse (d. h. die Gesellschaft und ihre Organisationsformen) nach den Interessen der großen Mehrheit aus: »Mögen die herrschenden Klassen vor einer kommunistischen Revolution zittern. Die Proletarier haben nichts zu verlieren, als ihre Ketten. Sie haben eine Welt zu gewinnen. Proletarier aller Länder, vereinigt Euch!«[18]

2. Enttäuschte Hoffnungen: Nationale Politik und preußische Verfassungsfrage

Die Unfertigkeit des deutschen nationalen Staates wurde der politischen Öffentlichkeit vor allem aus Anlaß der Orient- und Rheinkrise von 1840 und der Schleswig-Holstein-Frage bewußt. Die Orientkrise wurde durch die expansive Politik Frankreichs im Mittelmeerraum ausgelöst. Frankreich hatte noch Ende der zwanziger Jahre mit der Besitznahme Algeriens den entscheidenden ersten Schritt zum Aufbau seines nordafrikanischen Kolonialreiches getan. In der Hoffnung, seinen Einfluß auch im östlichen Mittelmeer ausweiten zu können, ermunterte es 1839 den Vizekönig von Ägypten zu dem Versuch, die Oberhoheit des Sultans abzuschütteln und die Herrschaft über das ganze Osmanische Reich zu usurpieren. Damit waren die englischen Interessen in diesem Raum bedroht, und außerdem hatten sich Rußland und Österreich bei ihren Bemühungen um Stabilisierung der innen- und außenpolitischen Verhältnisse in Europa nach den Erschütterungen der Juli-Revolution darauf verständigt, daß sie im Balkanraum und im Vorderen Orient den Status quo beibehalten wollten. So einigten sich die drei Mächte auf einen antifranzösischen Vertrag zur Befriedung der Levante, dem auch Preußen beitrat. Frankreich war isoliert, die Konstellation des Jahres 1813 schien wiederhergestellt; man sprach von einem diplomatischen Waterloo, einer Demütigung und Deklassierung. Mehrere Monate lang rief die französische Presse zum Krieg für die Wiederherstellung der verletzten Nationalehre auf. Nur wenn das linksrheinische Deutschland wieder mit Frankreich vereinigt werde, sei, hieß es außerdem, das europäische Gleichgewicht aufrechtzuerhalten. Frankreich rüstete, gab jedoch nach einer gewissen Zeit nach. Der für die gescheiterte Ägypten-Politik verantwortliche Premierminister Thiers trat zurück und wurde durch Guizot ersetzt, der ausdrücklich eine Politik der »Aussöhnung mit Europa« betrieb. Der Meerengenvertrag vom Juli 1841 beendete die Orientkrise und leitete eine Phase englischer Präponderanz in Konstantinopel ein.

Die Kriegspropaganda der französischen Presse und ihre Tendenz, sich am Rhein für das schadlos zu halten, was man am Nil nicht bekommen konnte, führte in der deutschen öffentlichen Meinung zu einer verständlichen Erregung. Die Sympathien, die Frankrich seit 1830 in Kreisen des liberalen deutschen Bürgertums gewonnen hatte, gingen mit einem Schlag wieder verloren. Der Griff Frankreichs nach dem linken Rheinufer löste eine nationale Stimmungskampagne aus, »die über den Kreis des politisch bewußten Bürgertums auf alle Schichten der Bevölkerung übergriff und damit die integrierende Kraft des Nationalgedankens bewies«.[19] Lieder wie *Die Wacht am Rhein* oder *Sie sollen ihn nicht haben, den freien deutschen Rhein* sind damals entstanden und innerhalb kürzester Zeit zu gewaltiger Popularität gelangt. Auch Herrscher und Regierungen haben diese emotionsgeladene antifranzösische Bewegung nicht nur gebilligt, sondern sogar gefördert. Erstmals seit den Freiheitskriegen gab es wieder so etwas wie ein nationales Gemeinschaftserlebnis.

Die nationale Begeisterung für den Rhein erhielt wenig später auch ihr positives Symbol, als im September 1842 mit dem Kölner Dombaufest der Grundstein für den Weiterbau und die Vollendung des seit dem Mittelalter Torso gebliebenen Kölner Doms gelegt wurde. Seit der Wende zum 19. Jahrhundert bereits hatte die Romantik den Rhein als Kernlandschaft des hochmittelalterlichen deutschen Reiches wiederentdeckt, als Wiege deutscher Geschichte, Kunst und Kultur, und die damals entstandene Rheinbewegung erhielt in der Krise von 1840 neue Impulse. Der damals gegründete »Dombauverein« breitete sich schnell über ganz Deutschland aus: In ihm konnte sich ein Stück deutscher Nationalbewegung im unpolitischen Gewande organisieren. Der erst seit zwei Jahren regierende Friedrich Wilhelm IV. von Preußen benutzte das Dombaufest außerdem zu einer Demonstration der Aussöhnung von katholischer Kirche und preußischem Staat unter nationalem Vorzeichen und erweckte so Hoffnungen auf eine preußische Initiative in der deutschen Politik, die aber bald wieder enttäuscht wurden.

In der Schleswig-Holstein-Frage hatte sich die deutsche Öffentlichkeit mit der Tatsache auseinanderzusetzen, daß der Wiener Kongreß ein Erbe des dynastischen Fürstenstaates konserviert hatte, das den Weg zum deutschen Nationalstaat mit einem beträchtlichen internationalen Konfliktpotential belasten sollte. Die beiden Herzogtümer Schleswig und Holstein waren in Personalunion mit der Krone Dänemarks vereinigt, aber nur Holstein gehörte zum Deutschen Bund, Schleswig nicht. Den Herzogtümern war jedoch 1460 verbrieft worden, daß sie »up ewig ungedeelt« zusammenbleiben sollten. Die Bevölkerung Schleswigs empfand sich teils als dänisch, teils als deutsch, und die Lage wurde dadurch noch komplizierter, daß in Holstein ein anderes Recht der dynastischen Thronfolge galt als in Dänemark; für Schleswig war das umstritten.

Nachdem sich schon unmittelbar nach der Neuordnung von 1815 in Holstein eine altständisch-korporative, von der Ritterschaft getragene, gegen den dänischen Zentralismus gerichtete Opposition formiert hatte, entstand in den dreißiger Jahren in Schleswig sowohl eine deutsche als auch eine dänische Nationalbewegung, die beide ganz Schleswig für sich beanspruchten. Als sich König Christian VIII. im März 1846 prinzipiell für die Einbeziehung Schleswigs in den Staat Dänemark aussprach, führte das ähnlich wie bei der Rheinkrise zu einer großen nationalen Bewegung: Regierungen und Landtage, Universitäten und wissenschaftliche Kongresse, freie bürgerliche Vereinigungen und politische Publizisten solidarisierten sich mit der Sache der deutschen Bewegung in Schleswig und forderten die Aufnahme des ganzen Herzogtums in den Deutschen Bund. Die europäische Diplomatie war nicht in der Lage, diesen Konfliktherd durch vorausschauende Regelungen auszuräumen. Als der Anfang 1848 an die Regierung gekommene Friedrich VII. im März des Jahres die Einverleibung Schleswigs in den dänischen Staat verkündete, kam es zum Krieg des Deutschen Bundes gegen Dänemark; 1863 löste derselbe Anlaß den ersten der Kriege aus, die der Gründung des Deutschen Reiches vorausgingen.

Wenn im deutschen Vormärz Bewegung in die nationale Politik kommen sollte, konnte sie nur von Preußen ausgehen. Die deutschen Mittelstaaten wären auch als geschlossen handelnde Gruppe zu schwach gewesen, um gegen die gemeinsame Front Österreichs und Preußens eine eigenständige Politik durchsetzen zu können, und Österreich hatte sich durch das »System Metternich« auf eine Politik der Stabilität um jeden Preis festgelegt. Von der Unterdrückung der nationalen Bewegungen in Mitteleuropa hing die Existenz der Habsburger Monarchie ab. Außerdem war hier im Jahre 1835 ein körperlich und geistig hinfälliger Herrscher Kaiser von Gottes Gnaden geworden. Spannungen innerhalb der vierköpfigen Regentschaft beeinträchtigten die Handlungsfähigkeit der österreichischen Regierung. Würde Preußen bereit und in der Lage sein, sich von der österreichischen Politik zu lösen, der es seit 1815 innen- und außenpolitisch weitgehend gefolgt war? Zum Prüfstein dafür wurde die preußische Verfassungsfrage.

Als Friedrich Wilhelm IV. im Jahre 1840 seinem Vater auf den Thron folgte, regte sich vielerorts die Hoffnung, daß jetzt die Zeit der innenpolitischen Stagnation in Preußen vorbei sei – galt der neue Monarch doch als Gegner des bürokratischen Obrigkeitsstaates, als ansprechbar für die nationalen Ziele der Zeit. Bald sollte sich jedoch zeigen, daß der König ein politischer Romantiker war, geprägt von patrimonialer Staatsauffassung, organisch-ständischen Gesellschaftsvorstellungen und pietistischer Orthodoxie. Er dachte nicht daran, sich an die Spitze einer nationalen Verfassungsbewegung zu setzen. Die Kluft zwischen ihm und dem bürgerlichen Liberalismus war unüberbrückbar. Als die zur Huldigung einberufenen ost- und westpreußischen Provinzialstände alleruntertänigst um die Erfüllung des seit 1815 uneingelösten Verfassungsversprechens baten, beantwortete das der König mit Ausführungen über den geringen Wert papierener Konstitutionen und den hohen Rang ungeschriebener Verfassungen englischer Art. Der ostpreußische Oberpräsident Theodor v. Schön, der sich öffentlich mit der Verfassungsbewegung identifizierte, mußte das mit seiner Entlassung büßen.

Trotz seiner Abneigung gegen den modernen Konstitutionalismus wollte der König in der Verfassungsfrage doch nicht ganz untätig bleiben. Obwohl Metternich es für nötig hielt, mehrfach warnend das Menetekel der französischen Geschichte des Jahres 1789 heraufzubeschwören, entschloß sich der König schon im Jahre 1842, gemeinsame Ausschüsse aller acht Provinziallandtage mit beratender Kompetenz einzuberufen. Das löste in allen Provinziallandtagen erhöhte verfassungspolitische Aktivität aus. Fast überall wurde die Pressefreiheit gefordert, in Schlesien eine Erhöhung der Zahl bürgerlicher Abgeordneter. In der Provinz Posen verlangten die polnischen Mitglieder einen besseren Schutz ihrer Nationalität, das Rheinland kritisierte den Entwurf für ein neues Strafgesetzbuch als rückständig. In fast allen Provinziallandtagen, mit Ausnahme der konservativen Kernprovinzen Brandenburg und Pommern sowie Sachsens, wurde 1845 über die Einführung einer konstitutionellen Verfassung für Preußen debattiert. Auch die Öffentlichkeit nahm in Gestalt von freien Vereinigungen, bei Festessen und Bürgerversammlungen und in einer anschwellenden politischen Publizistik an deren Verhandlungsgegenständen Anteil. Die Regierung fühlte sich zunehmend in die Defensive gedrängt.

Obwohl die Zeichen keineswegs günstig standen, entschloß sich der König doch, die Mitglieder aller Provinziallandtage für das Frühjahr 1847 zu einem Vereinigten Landtag nach Berlin zu berufen. Bei der Eröffnung erklärte er jedoch noch einmal, er werde es niemals zugeben, »daß sich zwischen unsern Herr Gott im Himmel und dieses Land ein beschriebenes Blatt gleichsam als eine zweite Vorsehung eindränge, um uns mit seinen Paragraphen zu regieren und durch sie die alte heilige Treue zu ersetzen«.[20] Das Unternehmen endete mit einem Eklat. Schon als die Einberufung bekanntgeworden war, hatte der radikalere Teil der öffentlichen Meinung verlangt, daß man sich mit einer solchen Form von Volksvertretung nicht abspeisen lassen dürfe, und jetzt machte sich der Vereinigte Landtag selber zum Sprecher dieser Forderung. Seine wichtigste Aufgabe sollte die Bewilligung einer großen Staatsanleihe für den Bau einer Eisenbahn von Berlin nach Königsberg sein. Der Landtag sprach sich aber selber die Kompetenz dafür ab, da er nicht den Charakter jener echten Nationalrepräsentation besitze, an deren Zustimmung nach dem Staatsschuldengesetz von 1820 die Aufnahme neuer Kredite gebunden war. Ungeachtet der Tatsache, daß die Mitglieder des Vereinigten Landtags fast ausschließlich Angehörige des Grundadels und des Besitzbürgertums waren, stieß die Regierung hier auf eine scharfe, prinzipielle Opposition. Eine »radikale« Minderheit – ihre Sprecher sollten sich während der Revolution auf der rechten Seite des Parteienspektrums wiederfinden – weigerte sich sogar, die Wahl für die erneut gebildeten »Vereinigten Ausschüsse« vorzunehmen. Auch in anderen Fragen außer der Eisenbahn-Anleihe kam es zu keiner Verständigung, so daß der Landtag ohne nennenswertes positives Ergebnis geschlossen werden mußte. Er hinterließ beim König eine tiefe Verstimmung und bei der Mehrzahl der Mitglieder ein Gefühl bitterer Resignation hinsichtlich der Möglichkeit, die preußische Verfassungsfrage auf dem Weg gesetzlicher Reform zu lösen.

3. Die wirtschaftliche und soziale Krise des ausgehenden Vormärz

Das überaus starke Bevölkerungswachstum, die aus dem Mißverhältnis von steigender Agrarproduktion und sinkender Massenkaufkraft entstehende Agrardepression und die weitgehende Stagnation im gewerblich-industriellen Bereich hatten in den zwanziger Jahren einen Prozeß allgemeiner Verelendung bis in den unteren Mittelstand hinein ausgelöst: Tendenziell sinkende Reallöhne, Arbeitslosigkeit, überlange Arbeitszeit, ausbeuterische Formen der Frauen- und Kinderarbeit waren ihre Symptome. Mehr als die Hälfte der deutschen Bevölkerung lebte im Vormärz auch bei angestrengter Arbeit der ganzen Familie am Rande des Existenzminimums. Jede akute Krise bedrohte sie mit Hunger, Kälte, Krankheit und Tod.

Um die Mitte der dreißiger Jahre zeigten sich erste Anzeichen eines leichten wirtschaftlichen Aufschwungs. Die Agrarpreise begannen langsam zu steigen, so daß jetzt von der Nachfrage der Landbevölkerung gewisse Impulse auf die gewerbliche Produktion ausgehen konnten. In der Textilindustrie machte die Mechanisierung Fortschritte; ihre Erzeugnisse konnten danach billiger und im internationalen Vergleich konkurrenzfähiger angeboten werden. Dabei ging die Baumwollverarbeitung voran, weil hier die Fasern bei der maschinellen Bearbeitung besonders wenig Probleme bereiteten, es folgte die Wollindustrie und zuletzt die Leinenherstellung. Zuerst wurde die Garnerzeugung in den Spinnereien, danach die Weberei mechanisiert. Um das Jahr 1840 hatte im Baumwollgewerbe die Handspinnerei praktisch aufgehört, aber noch 1846 wurden ca. 60% der Wolle von Hand gesponnen. Leidtragender dieser Industrialisierungsprozesse war das im Verlagssystem arbeitende Heimgewerbe. Die Bevölkerung ganzer Landstriche verlor ihre Existenzgrundlage. Die Zentren der frühen deutschen Textilindustrie lagen am Niederrhein, in Sachsen und Schlesien, begrenzt auch in Baden, außerdem in Mittelböhmen und Niederösterreich. Die Vorstädte von Wien waren die ersten Ballungsräume eines frühindustriellen städtischen Proletariats im damaligen Deutschland.

Zum eigentlichen Motor der industriellen Entwicklung wurde der Eisenbahnbau. Er begann im Jahre 1835 mit der Eröffnung der Strecke Nürnberg-Fürth und wurde bald zum bevorzugten Schwerpunkt frühindustriellen Unternehmertums. Anfänglich war die deutsche Eisen- und Stahlindustrie aber noch so wenig leistungsfähig, daß nicht nur Lokomotiven und Wagen, sondern sogar die Schienen aus England importiert werden mußten. Allmählich gingen jedoch vom Eisenbahnbau auf die deutsche Kohleproduktion, die Eisen- und Stahlindustrie sowie den Maschinenbau die entscheidenden Impulse zu einem sich selbst tragenden Wachstumsprozeß aus, der durch die Krise der Jahre 1846-1847 noch einmal vorübergehend abgebremst wurde. Das Kapital für den Eisenbahnbau wurde bis zur Mitte des Jahrhunderts etwa zur Hälfte aus privater Hand, zur anderen Hälfte vom Staat aufgebracht. Vor allem in Süddeutschland stieg die Staatsverschuldung infolge der Beteiligung an den Eisenbahninvestitionen wieder an, Preußen dagegen hielt sich besonders stark zurück, nicht zuletzt deshalb, weil dem preußischen Staat durch das Staatsschuldengesetz von 1820 der Weg zum Kapitalmarkt verschlossen war, solange keine gesamtpreußischen »Reichsstände« gebildet worden waren, die der Erhöhung der Staatsschuld zustimmen mußten.

Mit dem Beginn des Eisenbahnbaus wurde in Deutschland auch insofern eine neue Stufe in der Entwicklung kapitalistischer Wirtschaftsformen erreicht, als jetzt für die Sammlung der notwendigen Investitionsmittel große Kapitalgesellschaften gegründet wurden, das Bankwesen einen starken Aufschwung erlebte und mit dem schwungvollen Handel von Eisenbahnpapieren das Börsenwesen vor allem in Frankfurt und Berlin aufblühte. Allein in Preußen wurden zwischen 1842 und 1846 mehr als 100 Millionen Taler von privater Hand für den Eisenbahnbau aufgebracht, das entsprach etwa dem Volumen des preußischen Staatshaushaltes für ein Jahr. Die damit verbundene langfristige Bindung großer Teile des damals vorhandenen Investitionskapitals barg aber auch Gefahren: Im Verlauf der 1847 von England ausgehenden wirtschaftlichen Rezession und der sich damit überlappenden Auswirkungen der europäischen Mißernten von 1845 und 1846 kam es Ende 1847 zu einem ausgeprägten Liquiditätsengpaß, der zahlreiche Firmen und Banken in Schwierigkeiten brachte und staatliche Stützungsaktionen erforderlich machte.

Die vom Eisenbahnbau ausgelöste allgemeine Wirtschaftsbelebung konnte nur langsam wirksam werden. Ihr volkswirtschaftlicher Gesamteffekt darf nicht überschätzt werden, und die sozialen Probleme der Zeit wurden durch die Frühindustrialisierung zunächst eher noch verschärft: Katastrophale Auswirkungen zeigten sich vor allem im Heimgewerbe.

Die dezentralisierte und bis zu einem gewissen Grad auch arbeitsteilige Produktion von gewerblichen Erzeugnissen in Heimarbeit war bis zum Durchbruch der Industrialisierung die wichtigste Form der Herstellung von Massenwaren, die zum Absatz auf überregionalen und internationalen Märkten bestimmt waren. Dabei lieferte in der Regel ein Verleger die Rohstoffe oder Halbfertigwaren und übernahm den Absatz der Fertigprodukte, während Werkzeuge und Webstühle dem Heimarbeiter selber gehörten oder ihm geliehen wurden. Diese Hausindustrie war nicht nur im Textilgewerbe, sondern auch in der Kleineisenindustrie, in der Holzverarbeitung, in der Glasschleiferei, in der Uhrenherstellung und anderen Bereichen üblich. Sie wurde häufig als Nebenerwerb in Gegenden ausgeübt, in welchen die Land- oder Forstwirtschaft Arbeitskräfte nur saisonal voll beanspruchte.

Dieses System geriet infolge der Industrialisierung in eine tödliche Krise, zunächst und vor allem im Textilgewerbe. Ein immer größer werdender Teil der Produktion wurde mechanisiert, und das nach wie vor weitgehend von Hand gewebte Leinen konnte mit der fabrikmäßig hergestellten Baumwolle auf vielen Märkten nicht mehr konkurrieren. Bei der Verarbeitung billig importierter englischer Garne oder Roheisenwaren hatten deutsche Betriebe zwar aufgrund des niedrigen Lohnniveaus einen Kostenvorteil, je enger jedoch der Sektor der nichtindustriellen Fertigung wurde, desto mehr Menschen drängten in diesen Bereich und entfachten einen mörderischen Konkurrenzdruck. Der Arbeitsertrag ging zurück, bei einer Spinnerfamilie Ostwestfalens z. B. von 82 auf 49 Taler im Jahr. Die Heimarbeiter suchten dem durch Steigerung der Produktion mittels Verlängerung der täglichen Arbeitszeit und stärkerer Belastung von Frauen und Kindern zu begegnen und trieben so den Teufelskreis sinkender Erträge noch weiter voran. Der ausbeuterischen Praxis ihrer Verleger waren sie hilflos ausgeliefert. Die nackte Not und abgrundtiefe Verzweiflung der Betroffenen führten 1844 zum Aufstand der Weber in den schlesischen Gebirgsgegenden: dem bekanntesten und auch von den Zeitgenossen am stärksten beachteten Fanal sozialer und politischer Hilflosigkeit im Vormärz.

Da Arbeitskräfte überall billig und reichlich vorhanden waren, suchte sich die neu entstehende Industrie ihre Standorte nach bestmöglicher Versorgung mit Rohstoffen und Energie, nach günstigen Transportbedingungen und gut erreichbaren Absatzmärkten, und das waren nur in seltenen Fällen die von der Krise des Heimgewerbes besonders betroffenen Landstriche. Die Arbeitsbedingungen in der Industrie waren menschenunwürdig. Es gab eine kleine Gruppe relativ gut verdienender, maschinenkundiger Facharbeiter, die große Masse der bloß angelernten Arbeitskräfte, unter ihnen viele Frauen und Kinder, arbeitete jedoch für miserable Löhne an ungesunden und engen, dreckigen und lärmerfüllten Arbeitsplätzen in abstumpfender Tätigkeit 12 bis 14 Stunden am Tag. Die Entlohnung erfolgte häufig in der Form von in der Fabrik hergestellten Waren, deren Vermarktung der Arbeiter selbst übernehmen mußte, oder er wurde durch das »Truck-System« gezwungen, seinen Lebensbedarf zu überhöhten Preisen in Läden seines Arbeitgebers zu kaufen. Erbärmlich schlecht waren die Wohnverhältnisse, unzureichend der Schulunterricht für die Kinder. Spezifische Probleme brachte schließlich auch der Eisenbahnbau mit seinen großen Lagern heimatloser oder von ihren Familien getrennter Wanderarbeiter.

Von diesen negativen Begleiterscheinungen der frühen Industrialisierung war aber nur ein relativ geringer Prozentsatz der deutschen Bevölkerung betroffen, obschon hier die Massenverarmung und die soziale Bindungslosigkeit am stärksten ins Bewußtsein traten. Ein den englischen Verhältnissen nur annähernd vergleichbares Industrieproletariat hat es im Vormärz noch nicht gegeben. Ein Massenproblem dagegen bildeten die unterbeschäftigten Handwerksmeister, die Gesellen ohne Arbeit und ohne Aufstiegsperspektiven, die mit unzureichenden Erlösen kämpfenden Bauern und Winzer, die mühsam um ihren Lebensunterhalt ringenden Angehörigen der besitzlosen Unterschichten in Stadt und Land: die Gelegenheitsarbeiter und Tagelöhner, die Wäscherinnen und Näherinnen, die Dienstboten und das Gesinde, die zur Prostitution getriebenen arbeitslosen Frauen, die Obdachlosen, Verarmten und Vagabunden, die bettelnden Kinder, die nur im Alkoholgenuß ihre Misere vergessenden Männer. Die Not führte auch zu einem Anstieg der einfachen Eigentumskriminalität, die sich vor allem im Diebstahl von Brennholz zum Kochen und Heizen äußerte.

Die zunehmende Massenverelendung im deutschen Vormärz ist von der zeitgenössischen Literatur unter dem Schlagwort des »Pauperismus« viel besprochen worden. Als Ursache galt dabei allgemein das Mißverhältnis von Verdienstmöglichkeiten und Bevölkerungswachstum sowie die Konkurrenz industrieller Massenprodukte für die Erzeugnisse von Handwerk, Kleingewerbe und Heimindustrie. Maßnahmen zur Abhilfe sah man vor allem in einer Abwendung vom wirtschaftlichen und sozialen Liberalismus, d. h. konkret in einer Rückkehr zur gebundenen Sozialverfassung mit Heiratsbeschränkung, Niederlassungsverbot, Zunft- und Gewerbeordnungen. Außerdem wurde die Gründung von korporativen Selbsthilfe-Einrichtungen mannigfacher Art vorgeschlagen und auch in Angriff genommen: Es entstanden Kranken-, Hilfs- und Sparkassen, Kreditinstitute sowie Einkaufs- und Verkaufsgenossenschaften des städtischen und ländlichen Mittelstandes, für die vor allem Raiffeisen und Schulze-Delitzsch warben. Ein besonderer Bereich bürgerlicher Aktivitäten im Umkreis der sozialen Frage war die Gründung von Arbeiterbildungsvereinen oder anderen Vereinigungen zur »Hebung des Wohls der arbeitenden Klassen«. Einzelne

Unternehmer wie der Westfale Harkort suchten der Proletarisierung ihrer Arbeiter durch Förderung der Eigentumsbildung und der Ansiedlung entgegenzuwirken. Auch die Kirchen betrachteten die soziale Frage als Herausforderung: Die katholische Kirche gründete neue Organisationen für die Betreuung von Handwerksgesellen, für die Krankenpflege und für die Verbesserung der Volksbildung. Auf protestantischer Seite entwickelte vor allem Wichern mit seinem schon 1833 gegründeten »Rauhen Haus« in Hamburg neue, auf dem Grundsatz der Selbstverantwortung beruhende Formen der Sozialfürsorge.

Die Hilfe für Arme, Kranke, Notleidende war damals in der Regel eine Aufgabe der Gemeinden. Eine staatliche Sozialpolitik gab es erst in Ansätzen: Preußen erließ im März 1839 ein erstes Gesetz zur Regelung und Begrenzung der Kinderarbeit und zur Gewährleistung eines regelmäßigen Schulunterrichtes für arbeitende Kinder. Hilfe für die Erhaltung einer mittelständisch orientierten Wirtschaft, nicht Förderung der Industrialisierung blieb im übrigen die vorherrschende Tendenz in den wirtschaftspolitischen Zielvorstellungen von Landtagsmajoritäten und Regierungen. Die innerhalb des Zollvereins nie abreißende Dauerdebatte zwischen Freihändlern und Schutzzöllnern nahm vor dem Hintergrund der sozialen Frage an Schärfe zu. Der 1824 nach Amerika ausgewanderte, 1832 zurückgekehrte Friedrich List propagierte in seinem »Nationalen System der Politischen Ökonomie« die Errichtung eines einheitlichen, durch Schutzzölle abgeschirmten, seine Außenbeziehungen durch ein System von Handelsverträgen regelnden nationalen Wirtschaftsraumes. Der internationale Freihandel nutzte nach seiner Auffassung nur der überlegenen Wirtschaftsmacht Englands, nicht aber industriellen Entwicklungsländern wie den Staaten des Deutschen Bundes. Zu direktem sozialpolitischem Handeln schließlich rief der Staatswissenschaftler Lorenz v. Stein die Regierung auf: Aus seiner Analyse der sozialen Bewegungen in Frankreich zog er den Schluß, daß auf die Dauer nur ein den Klassenegoismus des Bürgertums in Schranken haltendes »Königtum der sozialen Reform« Deutschland vor der Revolution des Proletariats bewahren könne.

Im Zeichen der sozialen Krise des Vormärz kam es auch zu einer ersten größeren Auswanderungswelle. Die Zahl der Auswanderer stieg von rd. 20 000 im Jahre 1836 auf rd. 100 000 im Jahre 1845, war insgesamt aber doch zu gering, als daß sie eine spürbare soziale Entlastungsfunktion gehabt hätte. Die Auswanderer kamen vorwiegend aus den infolge der Realteilung übervölkerten kleinbäuerlichen Gegenden des deutschen Südwestens, aus Franken, Hessen und Nassau; ihr Ziel war meistens Nordamerika. Die Staaten haben die Auswanderung zunächst eher behindert als gefördert. Sie erschwerten die Mitnahme von Vermögenswerten, erhoben Abzugsgelder und verlangten die vorherige Ableistung des Militärdienstes, während die Gemeinden offenbar eher froh waren, auf diese Weise die ihnen zur Last fallenden Armen loszuwerden. Von einer Gemeinde des Odenwalds ist bekannt, daß sie alle ihre Bedürftigen auf Gemeindekosten nach Nordamerika abgeschoben hat. Generell wanderten wohl auch weniger die vollständig Verarmten aus, sondern diejenigen, die noch über einen Rest von Vermögen zur Finanzierung der Überfahrt und ein gewisses Startkapital verfügten. Bewußter Betrug, unseriöse Praktiken und leichtfertige Versprechungen von Auswanderungsagenten einerseits, Leichtgläubigkeit, Hilflosigkeit und Illusionen andrerseits brachten viele Auswanderer noch vor, während und nach der Überfahrt in Schwierigkeiten; erst allmählich entschlossen sich die besonders betroffenen Länder und Auswanderungshäfen, den schlimmsten Mißständen mit Verordnungen (z.B. über die Mindestausstattung von Auswanderungsschiffen) zu begegnen. Ein Gesetz zum Schutz deutscher Auswanderer verabschiedete erst die Deutsche Nationalversammlung im Frühjahr 1849.

Die sozioökonomischen Strukturprobleme des deutschen Vormärz verschärften sich zur akuten Krise, als in den Jahren 1845 und 1846 zwei große Mißernten die europäische Landwirtschaft trafen. Vor allem die Kartoffelernte wurde durch eine Pilzerkrankung, die sog. Kartoffelfäule, zweimal hintereinander fast vollständig vernichtet. Die deutschen Staaten erlebten damals eine letzte, vom Agrarsektor, nicht von den konjunkturellen Wellen der Industrieproduktion ausgehende große Krise »alten Typs«. Mit der Kartoffel wurde eine wesentliche Grundlage der Eigenversorgung des »kleinen Mannes« getroffen. Die Nahrungsmittelpreise stiegen im Durchschnitt um etwa 50%, für Roggen und Kartoffeln in Preußen sogar auf das Doppelte, die Ernährungskosten absorbierten noch höhere Teile der Massenkaufkraft als ohnehin schon üblich, die Nachfrage nach handwerklichen und gewerblichen Gütern ging entsprechend zurück, die Arbeitslosigkeit stieg, und so schlugen Mißernten und Ernährungskrise auf das ganze Wirtschaftsleben zurück. Die Zahl der Zwangsversteigerungen in Stadt und Land nahm zu. Das auch in guten Jahren äußerst schmale Familienbudget der Unterschichten reichte jetzt nicht mehr zur Sicherung der Ernährung. Eigentumsdelikte, Bettelei, Prostitution nahmen zu. Man sah sich gezwungen, Baumrinde und ähnliche Stoffe den Nahrungsmitteln beizumengen. In einigen besonders betroffenen Gegenden Deutschlands starb ein Fünftel der Bevölkerung an Hunger und Kälte, Entkräftung und Mangelkrankheiten.

Der Staat stand dieser Notsituation ziemlich macht- und ratlos gegenüber. Getreidemagazine zum Ausgleich von Produktions- und Preisschwankungen wie in der Zeit des Aufgeklärten Absolutismus gab es nicht mehr. Die Liefermöglichkeiten südrussischer oder überseeischer Überschußgebiete waren begrenzt, die Transportmöglichkeiten eingeschränkt. Generelle Preiskontrolle, Rationierung oder ähnliches waren mit dem trotz aller Bürokratie be-

scheidenen Instrumentarium des damaligen Verwaltungsstaats nicht durchführbar. Was möglich gewesen wäre,
unterblieb zum Teil aus Rücksicht auf private oder fiska-
lische Interessen. So konnte sich die preußische Regierung
z. B. nicht einmal zu einem generellen Verbot der Getrei-
deausfuhr oder zu einer Einschränkung des Branntwein-
brennens aus Getreide oder Kartoffeln entschließen. Flexi-
bler reagierten die Großkaufleute, welche die Preisunter-
schiede auf den europäischen Getreidemärkten zu hohen,
teilweise spekulativ überhöhten Gewinnen auszunutzen
verstanden, auf diese Weise aber doch einen gewissen
Ausgleich der Versorgung sicherten. In mehreren Städten
kam es vor allem im Frühjahr 1847 zu Hungerunruhen
und Krawallen, in Berlin und anderen Städten sogar zu
einer »Kartoffelrevolution«, nicht jedoch zu einer Massenbewegung, welche den bürokratischen Obrigkeitsstaat
ernsthaft hätte gefährden können.

Nach der relativ guten Ernte des Jahres 1847 entspannte
sich die Situation auf dem Ernährungssektor, doch wirkte
sich jetzt der Sog einer allgemeinen europäischen Finanz-
und Wirtschaftskrise aus. Sie wurde offenbar durch industrielle Überproduktion in England ausgelöst, die mög-
licherweise durch den Nachfragerückgang in den Jahren
der Hungersnot mitverursacht war. Produktionsein-
schränkungen, Preisverfall und Absatzschwierigkeiten
brachten finanzielle Engpässe bei den betroffenen Unternehmen und den hinter ihnen stehenden Banken, deren
Liquidität infolge der langfristigen Anlage umfangreicher
Kapitalien in Eisenbahnpapieren ohnehin eingeschränkt
war. Das konnte zur Kündigung von Krediten selbst bei
wirtschaftlich gesunden und rentabel arbeitenden Unternehmen führen und sogar hier Finanzierungsprobleme
auslösen. Die drei größten Fabriken Badens gerieten damals aufgrund der internationalen Refinanzierung ihrer
Karlsruher Hausbank in ernste Schwierigkeiten und konnten nur durch eine Stützungsaktion des Staates vor dem

Zusammenbruch gerettet werden, nachdem im Landtag eine lange Grundsatzdebatte darüber geführt worden war, ob eine staatliche Kapitalhilfe um der Erhaltung der Arbeitsplätze willen gebilligt oder als Geschenk für eigentlich vor dem Bankrott stehende Kapitalisten abgelehnt werden sollte.

Auf dem industriellen Sektor ging der Roheisenverbrauch im Jahre 1847 um 20% zurück, im Maschinenbau war die Produktion um 15%, in der Baumwollverarbeitung um 40% niedriger. Von 8000 Webstühlen der Krefelder Seidenindustrie standen 3000 still. Im Unterschied zur Ernährungskrise hatte die Finanz- und Wirtschaftskrise ihren Höhepunkt noch nicht überschritten, als im Februar 1848 die Revolution von Frankreich aus auf Deutschland übergriff.

Ausblick

Die Krise des ausgehenden Vormärz mündete in die Revolution. Im Januar 1848 brachen in Italien Unruhen aus, die im Königreich Neapel-Sizilien, in Florenz und in Piemont noch im Februar zur Verkündigung monarchisch-konstitutioneller Verfassungen führten und das Vorspiel zu neuen Aufständen gegen die österreichische Herrschaft in Lombardo-Venetien bildeten. Mißernten und gewerblich-industrielle Überproduktion hatten auch in Frankreich soziale Unruhen ausgelöst, Korruptionsskandale das System bourgeoiser Klassenherrschaft der Juli-Monarchie entlarvt. Die Forderung nach der Senkung des Wahlzensus wurde zu der Parole, unter der sich die radikale Linke sammelte. Als die Regierung deren Veranstaltungen verbot und Gegendemonstrationen mit Gewalt zu verhindern suchte, kam es in Paris zum Aufruhr, zur Abdankung Louis Philippes und am 24. Februar zur Ausrufung der Republik.

Die Vorgänge in Italien und Frankreich trieben auch in den deutschen Staaten das Volk zu Versammlungen und Demonstrationen auf die Straßen und, wenn es sein mußte, auf die Barrikaden. Der ganze Bund wurde im März durch eine von Westen nach Osten sich ausbreitende Welle revolutionärer Unruhe erfaßt, sie blieb diesmal nicht auf wenige Länder mit besonders starken Mißständen beschränkt. Zu viel Unmut und Enttäuschung, Erbitterung und Verzweiflung hatten sich mittlerweile in fast allen Schichten der Bevölkerung angestaut. Die Hoffnung, es könne auf dem Weg der Reform zu einer Änderung der politischen Verhältnisse kommen, war mehr und mehr erloschen. Ein Ausweg aus der tiefen sozialen Krise war nicht in Sicht, und das beunruhigte auch die nicht direkt davon Betroffenen. Die Revolutionsfurcht, von der im *Manifest der Kommunistischen Partei* gesprochen wurde, war eine Realität.

Das Ansehen und die Autorität des Verwaltungsstaats hatten sich verbraucht; als Alternative bot sich der Übergang zur parlamentarischen Regierungsweise an. Die vor den Regierungsgebäuden demonstrierenden Massen wollten Arbeit, Schutz vor Ausbeutung, eine menschenwürdige Existenz, bessere Bildungschancen und das allgemeine Wahlrecht zur Sicherung ihrer politischen Mitbestimmung. Die Bauern verlangten nach einem Ende der Ablösungszahlungen und nach der Aufhebung grundherrlicher Privilegien, vor allem des Jagdrechts auf Bauernland, der Patrimonialgerichtsbarkeit, der Verwaltungsautonomie und der steuerlichen Begünstigungen. Gemeinsam war der Märzbewegung das bürgerliche Programm mit der Forderung nach der Beseitigung des gesamten Repressivsystems im Deutschen Bund und der Errichtung eines deutschen Nationalstaates mit einem frei gewählten Parlament und wirksam garantierten Menschen- und Bürgerrechten.

Hinter der äußeren Einheit der Märzbewegung verbargen sich jedoch von Anfang an tiefe Spannungen und Gegensätze. Die bürgerliche Mitte begann schon sehr früh, bereits in den ersten Märztagen, den eigentlich revolutionären Kräften entgegenzutreten. Sie trug so zur Stabilisierung des Systems bei, das sie eigentlich hatte beseitigen wollen. In einen Zweifrontenkrieg verstrickt, wußte sie im Grunde nicht, gegen wen sie ihre Waffen zuerst richten sollte. Viel besser aber erging es auch den Unterschichten nicht. War eigentlich der monarchische Obrigkeitsstaat ihr Gegner oder jenes Bürgertum, das jede Form sozialer Gesetzgebung ablehnte und die Möglichkeit zu politischer Partizipation auf den Mittelstand begrenzen, dem »einfachen Mann« deshalb das im März errungene allgemeine Wahlrecht wieder nehmen wollte? Wurden so die Kräfte der Bewegung von Anfang an durch ihre inneren Gegensätze geschwächt, konnten sich überdies die Elemente der Beharrung bald wieder regenerieren.

Sie hatten im März eine Schlacht, aber nicht den Krieg

verloren. Die Erbitterung über das obrigkeitsstaatliche reaktionäre System war nicht so groß geworden, daß die Monarchie selber in Frage gestellt worden wäre. Die Revolution machte vor den Thronen halt. Die Loyalität von Verwaltung und Justiz gegenüber der bestehenden gesetzlichen Ordnung war nicht erschüttert, im Militär hatte sie eine zuverlässige Stütze. Nur wo die Armee ins Lager der Revolution überging, konnte diese einen vollen Sieg erringen, und das geschah nur im Mai 1849 in Baden.

Von vornherein halbherzig durchgeführt, von inneren Gegensätzen gehemmt, in eine Vielzahl von Aktionszentren aufgesplittert und dadurch weiter geschwächt, wurde die Revolution überdies von den europäischen Großmächten aus Sorge vor dem Entstehen eines starken deutschen Nationalstaates in der Mitte Europas mit höchstem Argwohn verfolgt. Als der König von Preußen die von der deutschen Nationalversammlung verabschiedete Reichsverfassung verwarf, war die Revolution gescheitert. Sie blieb eine Episode, die zwar mögliche Alternativen zum tatsächlichen Verlauf der deutschen Geschichte erkennen läßt, in dieser Geschichte jedoch nur wenige tiefere Spuren hinterlassen hat. Das deutsche Bürgertum, das die Verhandlungen in der Paulskirche mit so viel hoffnungsvollem Optimismus begonnen hatte, wurde durch das Scheitern der Nationalversammlung in seinem politischen Selbstvertrauen tief und nachhaltig getroffen; seine antirevolutionäre Grundhaltung verstärkte sich noch. In der Revolution hatte sich die Chance geboten, die zahlreichen Halbheiten, Kompromisse und Widersprüche zu beseitigen, die das Widerspiel der reformerischen und der restaurativen Kräfte in den Jahren zwischen 1800 und 1820 hinterlassen hatte. Da das nur unzureichend gelang, die Reaktion der fünfziger Jahre vielmehr das System des Deutschen Bundes wiedererrichtete, liegen auch die Ursachen für viele Strukturprobleme des Deutschen Kaiserreichs schon im ersten Drittel des 19. Jahrhunderts.

Anmerkungen

1 K. O. v. Aretin, Heiliges Römisches Reich 1766-1806, Bd. 1, Wiesbaden 1967, 262.
2 E. Fehrenbach, Vom Ancien Régime zum Wiener Kongreß, München 1981, 77.
3 R. Koselleck, Preußen zwischen Reform u. Revolution, Stuttgart 1981³, 209.
4 H. R. v. Srbik, Metternich, Bd. 1, München 1925, 350.
5 Vgl. oben S. 47.
6 So etwa J. Kocka, Preußischer Staat u. Modernisierung im Vormärz, in: B. Vogel Hg., Preußische Reformen 1807-1820, Königstein 1980, 49-65, bes. 58.
7 W. Conze, Vom »Pöbel« zum »Proletariat«. Sozialgeschichtliche Voraussetzungen für den Sozialismus in Deutschland (1954), in: H.-U. Wehler Hg., Moderne deutsche Sozialgeschichte, Königstein 1981⁶, 122.
8 H.-W. Hahn, Geschichte des Deutschen Zollvereins, Göttingen 1984, 23.
9 H.-W. Hahn, Wirtschaftliche Integration im 19. Jahrhundert, Göttingen 1982, 151. Vgl. auch unten S. 127.
10 Vgl. unten S. 123 f.
11 Vgl. unten S. 124 f.
12 So Rotteck auf einer politischen Veranstaltung in Badenweiler am 11. Juni 1832 nach einem Bericht der Zeitung »Der Freisinnige« vom 16. Juni 1832 (Nr. 106).
13 K. Obermann, Deutschland von 1815 bis 1849, Berlin 1983⁵, 78.
14 G. Heer, Die allgemeine deutsche Burschenschaft u. ihre Burschentage 1827-1833, in: H. Haupt Hg., Quellen u. Darstellungen zur Geschichte der Burschenschaft u. der deutschen Einheitsbewegung, Bd. 4, Heidelberg 1913, 342.
15 Hier zit. nach: H. Brandt Hg., Restauration u. Frühliberalismus 1814-1840, Darmstadt 1979, 449.
16 L. Gall, Liberalismus u. »bürgerliche Gesellschaft«, in: Historische Zeitschrift 220. 1975, 344 ff., bes. 353.
17 K. G. Faber, Deutsche Geschichte im 19. Jahrhundert. Restauration u. Revolution 1815/1851, Wiesbaden 1979, 170.
18 K. Marx u. F. Engels, Werke, Bd. 4, Berlin 1959, 493.
19 Faber, 160.
20 E. R. Huber, Deutsche Verfassungsgeschichte seit 1789, Bd. 2, Stuttgart 1975², 495.

Für bereitwillige und unermüdliche Mithilfe bei der Fertigstellung des Manuskriptes und dem Lesen der Korrekturen danke ich Frau Karin Jerczynski, Frau Ulrike Lilienweihs, Herrn Gisbert Bielefeld und Herrn Michael Epkenhans.

Auswahlbibliographie

Gesamtdarstellungen der Epoche oder einzelner Zeiträume

v. Aretin, K. O., Vom Deutschen Reich zum Deutschen Bund, Göttingen 1980

Bergeron, L., u. a., Das Zeitalter der europäischen Revolution 1780-1848, Frankfurt 1969.

Braubach, M., Von der französischen Revolution bis zum Wiener Kongreß, in: Gebhardt, Handbuch der deutschen Geschichte, Bd. 3, Stuttgart 1970⁹, 1-96.

Bussmann, W. Hg., Europa von der französischen Revolution zu den nationalstaatlichen Bewegungen des 19. Jahrhunderts, (Handbuch der europäischen Geschichte, Bd. 5) Stuttgart 1981.

Faber, K.-G., Deutsche Geschichte im 19. Jahrhundert. Restauration u. Revolution 1815-1851, Wiesbaden 1979 (Handbuch der Deutschen Geschichte, Bd. 3/I, 2. Teil).

Fehrenbach, E., Vom Ancien Régime zum Wiener Kongreß, München 1981.

Nipperdey, T., Deutsche Geschichte 1800-1866. Bürgerwelt u. starker Staat, München 1984².

Obermann, K., Deutschland 1815-1949, Berlin 1983⁵.

Palmer, R. R., The Age of Democratic Revolution. A Political History of Europe and America 1760-1800, 2 Bde., Princeton 1959-1964 (dt. Bd. 1, Frankfurt 1970).

v. Raumer, K. u. Botzenhart, M., Deutsche Geschichte im 19. Jahrhundert. Deutschland um 1800: Krise u. Neugestaltung. Von 1789 bis 1815, Wiesbaden 1980 (Handbuch der Deutschen Geschichte Bd. 3/I, 1. Teil).

Rürup, R., Deutschland im 19. Jahrhundert 1815-1871, Göttingen 1984.

Schieder, T., Vom Deutschen Bund zum Deutschen Reich, in: Gebhardt, Handbuch der deutschen Geschichte, Bd. 3, Stuttgart 1970⁹, 99-220.

Schnabel, F., Deutsche Geschichte im 19. Jahrhundert, 4 Bde., Freiburg 1949-1959⁵.

Weis, E., Der Durchbruch des Bürgertums 1776-1847, Berlin 1978.

Sozial- und Wirtschaftsgeschichte

Abel, W., Geschichte der deutschen Landwirtschaft vom frühen Mittelalter bis zum 19. Jahrhundert, Stuttgart 1978³.

Abel, W., Massenarmut u. Hungerkrisen im vorindustriellen Europa, Hamburg 1977[2].

Aubin, H. u. Zorn, W. Hg., Handbuch der deutschen Wirtschafts- und Sozialgeschichte, 2 Bde., Stuttgart 1971/1976.

Borchard, K., Staatsverbrauch u. öffentliche Investitionen in Deutschland 1780-1850, Diss. Göttingen 1968.

Borchardt, K., Zur Frage des Kapitalmangels in der ersten Hälfte des 19. Jahrhunderts, in: W. Fischer u. a. Hg., Industrielle Revolution. Wirtschaftliche Aspekte, Köln 1972, 216-36.

Borchardt, K., Die industrielle Revolution in Deutschland, München 1972.

Cipolla, C. M. u. Borchardt, K. Hg., Europäische Wirtschaftsgeschichte, Bd. 4: Die Entwicklung der industriellen Gesellschaften, Stuttgart 1977.

Fischer, W. Hg., Wirtschafts- u. sozialgeschichtliche Probleme der frühen Industrialisierung, Berlin 1968.

Fischer, W., Der Staat u. die Anfänge der Industrialisierung in Baden 1800-1850, Bd. 1: Die staatliche Gewerbepolitik, Berlin 1962.

Fischer, W., Wirtschaft u. Gesellschaft im Zeitalter der Industrialisierung, Göttingen 1972.

Henning, F.-W., Die Industrialisierung in Deutschland 1800-1914, Paderborn 1978[4].

Henning, F.-W., Landwirtschaft u. ländliche Gesellschaft in Deutschland, Bd. 2: 1750-1976, Paderborn 1978.

Köllmann, W., Bevölkerung in der industriellen Revolution. Studien zur Bevölkerungsgeschichte Deutschlands, Göttingen 1974.

Kriedte, P. u. a., Industrialisierung vor der Industrialisierung. Gewerbliche Warenproduktion auf dem Land in der Formationsperiode des Kapitalismus, Göttingen 1977.

Kutz, M., Deutschlands Außenhandel von der Französischen Revolution bis zur Gründung des Zollvereins, Wiesbaden 1974.

Lütge, F., Deutsche Sozial- u. Wirtschaftsgeschichte, Berlin 1966[3].

Lütge, F. Hg., Die wirtschaftliche Situation in Deutschland und Österreich um die Wende vom 18. zum 19. Jahrhundert, Stuttgart 1964.

Lütge, F., Geschichte der deutschen Agrarverfassung vom frühen Mittelalter bis zum 19. Jahrhundert, Stuttgart 1967[2].

Verfassungs- und Verwaltungsgeschichte

Heffter, H., Die deutsche Selbstverwaltung im 19. Jahrhundert, Stuttgart 1969[2].

Huber, E. R., Deutsche Verfassungsgeschichte seit 1789, Bd. 1: Reform u. Restauration (1789-1830), Stuttgart 1975²; Bd. 2: Der Kampf um Einheit u. Freiheit (1830-1850), ebd. 1975².

Jeserich, K. G. A., u.a., Hg., Deutsche Verwaltungsgeschichte, Bd. 2: Vom Reichsdeputationshauptschluß bis zur Auflösung des Deutschen Bundes, Stuttgart 1983.

Press, V., Landtage im Alten Reich und im Deutschen Bund, in: Zeitschrift für Württembergische Landesgeschichte 39. 1980, 100-140.

Deutschland in der europäischen Außenpolitik 1792-1810

v. Aretin, K. O., Heiliges Römisches Reich 1776-1806. Reichsverfassung und Staatssouveränität, 2 Bde., Wiesbaden 1967.

Biro, S. S., The German Policy of Revolutionary France, 2 Bde., Cambridge/Mass. 1957.

Botzenhart, M., Metternichs Pariser Botschafterzeit 1806-1809, Münster 1967.

Crouzet, F., L'Economie britannique et le blocus continental, 2 Bde., Paris 1958.

Deutsch, H. C., The Genesis of Napoleonic Imperialism, Cambridge/Mass. 1938.

Haussherr, H., Erfüllung u. Befreiung. Der Kampf um die Durchführung des Tilsiter Friedens 1807/08, Hamburg 1935.

Hömig, K. D., Der Reichsdeputationshauptschluß vom 25. Februar 1803 und seine Bedeutung für Staat und Kirche, Tübingen 1969.

Krahee, E. E., Metternichs German Policy. I: 1799-1814, Princeton 1963; II: 1814/15, ebd. 1983.

Lacour-Gayet, G., Talleyrand 1754-1838, 4 Bde., Paris 1930-1934.

v. Oer, R., Der Friede von Preßburg, Münster 1965.

Real, W., Von Potsdam nach Basel. Studien zur Geschichte der Beziehungen Preußens zu den europäischen Mächten 1786-1795, Basel 1958.

Rößler, H., Österreichs Kampf um Deutschlands Befreiung. Die deutsche Politik der nationalen Führer Österreichs 1805-1815, Hamburg 1940².

Rößler, H., Graf J. P. Stadion. Napoleons deutscher Gegenspieler, 2 Bde., Wien 1966.

Schaeder, H., Die dritte Koalition u. die Heilige Allianz, Königsberg 1934, ND Darmstadt 1963.

Sieburg, H. O. Hg., Napoleon u. Europa, Köln 1971.

Wohlfeil, R., Spanien u. die deutsche Erhebung 1808-1814, Wiesbaden 1965.

Droz, J.: L'Allemagne et la révolution française, Paris 1949, dt. Wiesbaden 1955.

Dumont, F., Die Mainzer Republik von 1792/93. Studien zur Revolutionierung in Rheinhessen u. der Pfalz, Alzey 1982.

Epstein, K., The Genesis of German Conservatism, Princeton 1966, dt. Berlin 1973.

Grab, W., Norddeutsche Jakobiner. Demokratische Bestrebungen zur Zeit der Französischen Revolution, Frankfurt 1967.

Julku, K., Die revolutionären Bewegungen im Rheinland am Ende des 18. Jahrhunderts, 2 Teile, Helsinki 1965-1969.

Molitor, H.-G., Vom Untertan zum Administré. Studien zur französischen Herrschaft u. zum Verhalten der Bevölkerung im Rhein-Mosel-Raum von den Revolutionskriegen bis zum Ende der napoleonischen Zeit, Wiesbaden 1980.

Scheel, H., Süddeutsche Jakobiner. Klassenkämpfe u. republikanische Bestrebungen im deutschen Süden Ende des 18. Jahrhunderts, Berlin 1962.

Stern, A., Der Einfluß der französischen Revolution auf das deutsche Geistesleben, Stuttgart 1928.

Stulz, P. u. Opitz, A., Volksbewegungen in Kursachsen zur Zeit der französischen Revolution, Berlin 1956.

Träger, K., Mainz zwischen Rot u. Schwarz. Die Mainzer Revolution 1792-1793, Berlin 1963.

Valjavec, F., Die Entstehung der politischen Strömungen in Deutschland 1770-1815, München 1951/Königstein 1978.

Voss, J. Hg., Deutschland u. die französische Revolution, München 1983.

Die preußischen und rheinbündischen Reformen

v. Aretin, K. O., Bayerns Weg zum souveränen Staat. Landstände u. konstitutionelle Monarchie 1714-1818, München 1976.

Arndt, E., Vom markgräflichen Patrimonialstaat zum großherzoglichen Verfassungsstaat Baden, in: Zeitschrift für die Geschichte des Oberrheins 101. 1953, 157-264, 436-531.

Berding, H., Napoleonische Herrschafts- u. Gesellschaftspolitik im Königreich Westfalen 1807-1813, Göttingen 1973.

Berding, H. u. Ullmann, H.-P. Hg., Deutschland zwischen Revolution u. Restauration, Königstein 1981.

Bleek, W., Von der Kameralausbildung zum Juristenprivileg. Studium, Prüfung u. Ausbildung der höheren Beamten des allgemeinen Verwaltungsdienstes in Deutschland im 18. u. 19. Jahrhundert,

Berlin 1972.

Botzenhart, M., Verfassungsproblematik u. Ständepolitik in der preußischen Reformzeit, in: P. Baumgart Hg., Ständetum u. Staatsbildung in Brandenburg-Preußen, Berlin 1983, 431-55.

Brunschwig, H., Gesellschaft u. Romantik in Preußen im 18. Jahrhundert. Die Krise des preußischen Staates am Ende des 18. Jahrhunderts u. die Entstehung der romantischen Mentalität, Berlin 1975, frz. Paris 1947.

Büsch, O., Militärsystem und Sozialleben im alten Preußen 1713-1807. Die Anfänge der sozialen Militarisierung der preußisch-deutschen Gesellschaft, Berlin 1962/1981[2].

Dipper, C., Die Bauernbefreiung in Deutschland 1790-1850, Stuttgart 1980.

Droz, J., Le Romantisme allemand et l'Etat. Résistance et collaboration dans l'Allemagne napoléonienne, Paris 1966.

Dunan, M., Napoléon et l'Allemagne. Le système continental et les débuts du royaume de Bavière 1806-1810, Paris 1948[2].

Fehrenbach, E., Traditionale Gesellschaft u. revolutionäres Recht. Die Einführung des Code Napoléon in den Rheinbundstaaten, Göttingen 1983[3].

Fehrenbach, E., Verfassungs- u. sozialpolitische Reformen u. Reformprojekte in Deutschland unter dem Einfluß des napoleonischen Frankreich, in: Historische Zeitschrift 228. 1979, 288-316.

Hartung, F., Das Großherzogtum Sachsen unter der Regierung Karl Augusts 1775-1828, Weimar 1923.

Haussherr, H., Hardenberg, 1. Teil: 1750-1800, hg. K. E. Born, Köln 1963.

Haussherr, H., Die Stunde Hardenbergs, Köln 1965[2].

Heitzer, H., Insurrectionen zwischen Weser u. Elbe. Volksbewegungen gegen die französische Fremdherrschaft im Königreich Westfalen 1806-1813, Berlin 1959.

Hölzle, E., Das Alte Recht u. die Revolution. Eine politische Geschichte Württembergs in der Revolutionszeit 1789-1805, München 1931.

Hubatsch, W., Die Stein-Hardenbergschen Reformen, Darmstadt 1977.

Ibbeken, R., Preußen 1807-1813, Köln 1970.

Jeismann, K. E., Das preußische Gymnasium in Staat u. Gesellschaft 1787-1817, Stuttgart 1974.

Jürgens, A., Emmerich v. Dalberg zwischen Deutschland u. Frankreich 1803-1810, Stuttgart 1976.

Kehr, E., Zur Genesis der preußischen Bürokratie u. des Rechtsstaats. Ein Beitrag zum Diktaturproblem, in: H.-U. Wehler Hg., Moderne deutsche Sozialgeschichte, Königstein 1981[6], 37-54.

Klein, E., Von der Reform zur Restauration. Finanzpolitik u. Reformgesetzgebung des preußischen Staatskanzlers K. A. v. Hardenberg, Berlin 1965.

Knapp, G. F., Die Bauernbefreiung u. der Ursprung der Landarbeiter in den älteren Teilen Preußens, 2 Bde., München 1927[2].

Knemeyer, F.-L., Regierungs- u. Verwaltungsreformen in Deutschland zu Beginn des 19. Jahrhunderts, Köln 1970.

Koselleck, R., Preußen zwischen Reform u. Revolution. Allgemeines Landrecht, Verwaltung u. soziale Bewegung 1791-1848, Stuttgart 1981[3].

Lahrkamp, M., Münster in napoleonischer Zeit 1800-1815, Münster 1976.

Meinecke, F., Weltbürgertum u. Nationalstaat (1908), Werke Bd. 5, München 1962.

Menze, K., Die Bildungsreform W. v. Humboldts, Hannover 1975.

Obenaus, H., Anfänge des Parlamentarismus in Preußen bis 1848, Düsseldorf 1984.

Ritter, G., Staatskunst u. Kriegshandwerk. Das Problem des »Militarismus« in Deutschland, 1. Bd.: 1740-1890, München 1970[4].

Ritter, G., Stein, Stuttgart 1981[4].

Ritter, U. P., Die Rolle des Staates in den Frühstadien der Industrialisierung. Die preußische Industrieförderung in der ersten Hälfte des 19. Jahrhunderts, Berlin 1961.

Rosenberg, H., Bureaucracy, Aristocracy and Autocracy. The Prussian Experience 1660-1815, Cambridge/Mass. 1958.

Rürup, R., Emanzipation u. Antisemitismus. Studien zur »Judenfrage« der bürgerlichen Gesellschaft, Göttingen 1975.

Schissler, H., Preußische Agrargesellschaft im Wandel. Wirtschaftliche, gesellschaftliche u. politische Transformationsprozesse 1763 bis 1847, Göttingen 1978.

Schnabel, F., S. v. Reitzenstein, der Begründer des badischen Staates, Heidelberg 1927.

Schubert, W., Französisches Recht in Deutschland zu Beginn des 19. Jahrhunderts, Köln 1977.

Thielen, P. G., K. A. v. Hardenberg 1750-1822, Köln 1967.

Vogel, B., Allgemeine Gewerbefreiheit. Die Reformpolitik des preußischen Staatskanzlers Hardenberg 1810-1820, Göttingen 1983.

Vogel, B., Die »allgemeine Gewerbefreiheit« als bürokratische Modernisierungsstrategie in Preußen. Eine Problemskizze zur Reformpolitik Hardenbergs, in: Festschrift F. Fischer, Bonn 1978, 59-78.

Vogel, B. Hg., Preußische Reformen 1807-1820, Königstein 1980.

Weis, E., Montgelas, Bd. 1: 1759-1799, München 1971.

Weis, E. Hg., Reformen im rheinbündischen Deutschland, München 1984.

Wohlfeil, R., Vom stehenden Heer des Absolutismus zur Allgemeinen Wehrpflicht (1789-1814), Frankfurt 1964 (Handbuch zur deutschen Militärgeschichte 1648-1939, I/2).

Wunder, B., Privilegierung u. Disziplinierung. Die Entstehung des Berufsbeamtentums in Bayern u. Württemberg 1780-1825, München 1978.

Europäische Neuordnung, Restauration und Reaktion

Büssem, E., Die Karlsbader Beschlüsse von 1819. Die endgültige Stabilisierung der restaurativen Politik im Deutschen Bund nach dem Wiener Kongreß von 1814/15, Hildesheim 1974.

Burg, P., Der Wiener Kongreß. Der Deutsche Bund im europäischen Staatensystem, München 1984.

Griewank, K., Der Wiener Kongreß und die europäische Restauration 1814/15, Leipzig 1963[3].

Kissinger, H. A., A World Restored. Metternich, Castlereagh and the Problems of Peace 1812-1822, Boston 1957, dt. 1973.

Mager, W., Das Problem der landständischen Verfassungen auf dem Wiener Kongreß 1814/15, in: Historische Zeitschrift 217. 1973, 296-346.

Schubert, W., Das französische Recht in Deutschland zu Beginn der Restaurationszeit 1814-1820, in: Zeitschrift für Rechtsgeschichte Germ. Abt. 94. 1977, 129-84.

Schwarz, W., Die Heilige Allianz. Tragik eines europäischen Friedensbundes, Stuttgart 1935.

v. Srbik, H. R., Metternich, 3 Bde., München 1925/1954.

Webster, C. K., The Foreign Policy of Castlereagh, Bd. 1: Britain and the Reconstruction of Europe 1812-1815, London 1931.

Wunder, B., Landstände u. Rechtsstaat. Zur Entstehung u. Verwirklichung des Art. 13 DBA, in: Zeitschrift für Historische Forschung 5. 1978, 139-85.

Der deutsche Frühkonstitutionalismus

Brandt, H., Landständische Repräsentation im deutschen Vormärz. Politisches Denken im Einflußfeld des monarchischen Prinzips, Neuwied 1968.

Boldt, H., Deutsche Staatslehre im Vormärz, Düsseldorf 1975.

Büttner, S., Die Anfänge des Parlamentarismus in Hessen-Darmstadt u. das du Thilsche System, Darmstadt 1969.

Ehrle, P. M., Volksvertretung im Vormärz. Studien zur Zusammensetzung, Wahl u. Funktion der deutschen Landtage im Spannungsfeld zwischen monarchischem Prinzip u. ständischer Repräsentation, 2 Bde., Frankfurt 1979.

Franz, E., Bayerische Verfassungskämpfe 1818-1848, München 1926.

Friauf, K. H., Der Staatshaushaltsplan im Spannungsfeld zwischen Parlament u. Regierung, Bd. 1, Bad Homburg 1968.

Funk, W., Die Verfassungsfrage im Spiegel der Augsburger »Allgemeinen Zeitung« von 1818-1848, Berlin 1977.

Kramer, H., Fraktionsbindungen in den deutschen Volksvertretungen 1819-1848, Berlin 1969.

Reinhart, A., Volk u. Abgeordnetenkammer in Baden zur Zeit des Frühliberalismus 1818-1831, Diss. Göttingen 1956.

v. Rimscha, W., Die Grundrechte im süddeutschen Konstitutionalismus. Zur Entstehung u. Bedeutung der Grundrechtsartikel in den ersten Verfassungsurkunden von Bayern, Baden u. Württemberg, Köln 1973.

Weis, E., Zur Entstehungsgeschichte der bayerischen Verfassung von 1818. Die Debatte in der Verfassungskommission von 1814/15, in: Zeitschrift für bayerische Landesgeschichte 39. 1976, 413-44.

Der Zollverein

Berding, H., Die Entstehung des Deutschen Zollvereins als Problem historischer Forschung, in: Festschrift T. Schieder, München 1978, 225-37.

v. Eisenhardt-Rothe, W. u. a. Hg., Vorgeschichte u. Begründung des Deutschen Zollvereins (1815-1834). Akten der Staaten des Deutschen Bundes u. der europäischen Mächte, 3 Bde., Berlin 1934.

Hahn, H.-W., Wirtschaftliche Integration im 19. Jahrhundert. Die hessischen Staaten u. der Deutsche Zollverein, Göttingen 1982.

Hahn, H.-W., Geschichte des Deutschen Zollvereins, Göttingen 1984.

Henderson, W. O., The Zollverein, London 1959.

Die Auswirkungen der Juli-Revolution auf Deutschland

Baumann, K. Hg., Das Hambacher Fest, 27. Mai 1832, Speyer 1957.

Bock, H., Bürgerlicher Liberalismus u. revolutionäre Demokratie. Zur Dialektik der sozialen u. nationalen Frage in den deutschen Klassenkämpfen von 1831 bis 1834, in: Jahrbuch für Geschichte 13. 1975, 109-51.

Brandt, H., Gesellschaft, Parlament u. Regierung in Württemberg 1830-1840, in: G. A. Ritter Hg., Gesellschaft, Parlament u. Regierung. Zur Geschichte des Parlamentarismus in Deutschland, Düsseldorf 1974, 101-18.

Ehlen, P. Hg., Der polnische Freiheitskampf 1830/31 u. die liberale deutsche Polenfreundschaft, München 1982.

Estermann, A. Hg., Politische Avantgarde 1830-1840. Eine Dokumentation zum »Jungen Deutschland«, 2 Bde., Frankfurt 1972.

Foerster, C., Der Preß- u. Vaterlandsverein von 1832/33. Sozialstruktur u. Organisationsformen der bürgerlichen Bewegung in der Zeit des Hambacher Festes, Trier 1982.

Freilinger, H., »Die Hambacher«. Beteiligte u. Sympathisanten der Beinahe-Revolution von 1832, in: Zeitschrift für bayerische Landesgeschichte 41. 1978, 701-35.

Gerecke, A., Das deutsche Echo auf die polnische Erhebung 1830, Wiesbaden 1964.

Gerlach, A., Hambach 1832, Wiesbaden 1984.

Husung, H.-G., Protest u. Repression im Vormärz. Norddeutschland zwischen Restauration u. Revolution, Göttingen 1983.

Immelt, K., Der »Hessische Landbote« u. seine Bedeutung für die revolutionäre Bewegung des Vormärz im Großherzogtum Hessen-Darmstadt, in: Mitteilungen des Oberhessischen Geschichtsvereins, N. F. 51. 1966, 13-77.

Kolb, E., Polenbild u. Polenfreundschaft der deutschen Frühliberalen, in: Saeculum 26. 1975, 111-27.

Müller, H., Die Krise des Interventionsprinzips der Heiligen Allianz. Zur Außenpolitik Österreichs u. Preußens nach der Juli-Revolution von 1830, in: Jahrbuch für Geschichte 14. 1976, 9-56.

Müller, H., Der Weg nach Münchengrätz. Voraussetzungen, Bedingungen u. Grenzen der Reaktivierung des reaktionären Bündnisses der Habsburger u. Hohenzollern mit den Romanows im Herbst 1833, in: Jahrbuch für Geschichte 21, 1980, 7-33.

Schieder, W., Der rheinpfälzische Liberalismus von 1832 als politische Protestbewegung, in: Festschrift T. Schieder, München 1978, 169-95.

Schmidt, G., Die Staatsreform in Sachsen in der ersten Hälfte des 19. Jahrhunderts, Weimar 1966.

Seide, G., Regierungspolitik u. öffentliche Meinung im Kaisertum Österreich anläßlich der polnischen Novemberrevolution 1830-1831, Wiesbaden 1971.

Politische Denkströmungen im deutschen Vormärz

Büsch, O. u. Herzfeld, H., Die frühsozialistischen Bünde in der Geschichte der deutschen Arbeiterbewegung. Vom »Bund der Gerechten« zum »Bund der Kommunisten« 1836-1847, Berlin 1975.

Dowe, D. A., Aktion u. Organisation. Arbeiterbewegung, sozialistische u. kommunistische Bewegung in der preußischen Rheinprovinz 1820-1852, Hannover 1970.

Förder, H., Marx u. Engels am Vorabend der Revolution, Berlin 1960.

Gall, L., B. Constant, seine politische Ideenwelt u. der deutsche Vormärz, Wiesbaden 1963.

Gall, L., Liberalismus u. »bürgerliche Gesellschaft«. Zu Charakter u. Entwicklung der liberalen Bewegung in Deutschland, in: Historische Zeitschrift 220. 1975, 324-56.

Jobst, H., Die Staatslehre K. v. Rottecks. Ihr Wesen u. ihr Zusammenhang mit der Staatsphilosophie des 18. Jahrhunderts, in: Zeitschrift für die Geschichte des Oberrheins 103. 1955, 468-98.

Krieger, L., The German Idea of Freedom, Boston 1957.

Müller, F., Korporation u. Assoziation. Eine Problemgeschichte der Vereinigungsfreiheit im deutschen Vormärz, Berlin 1965.

Neumüller, M., Liberalismus u. Revolution. Das Problem der Revolution in der deutschen liberalen Geschichtsschreibung des 19. Jahrhunderts, Düsseldorf 1973.

Rosenberg, H., Politische Denkströmungen im deutschen Vormärz, Göttingen 1972.

Sheehan, J., German Liberalism in the Nineteenth Century, Chicago 1978, dt. München 1983.

Schieder, W., Anfänge der deutschen Arbeiterbewegung. Die Auslandsvereine im Jahrzehnt nach der Julirevolution 1830, Stuttgart 1963.

Schraepler, E., Handwerkerbünde u. Arbeitervereine 1830-1853. Die politische Tätigkeit deutscher Sozialisten von W. Weitling bis K. Marx, Berlin 1972.

Wende, P., Radikalismus im Vormärz. Untersuchungen zur politischen Theorie der frühen deutschen Demokratie, Wiesbaden 1975.

Wentzcke, P. u. Heer, G., Geschichte der deutschen Burschenschaft, 3 Bde., Heidelberg 1919-1929.

Wentzcke, P. u. a. Hg., Darstellungen und Quellen zur Geschichte der deutschen Einheitsbewegung im 19. u. 20. Jahrhundert, 10 Bde., Heidelberg 1957-1978.

Wentzcke, P. u. Haupt, H. Hg., Quellen u. Darstellungen zur Geschichte der Burschenschaft u. der deutschen Einheitsbewegung, 17 Bde., Heidelberg 1910-1940.

Die Krise des ausgehenden Vormärz

Bergmann, J., Ökonomische Voraussetzungen der Revolution von 1848. Zur Krise von 1845 bis 1848 in Deutschland, in: Geschichte und Gesellschaft, Sonderheft 2, 1976, 254-87.

Blasius, D., Bürgerliche Gesellschaft u. Kriminalität. Zur Sozialgeschichte Preußens im Vormärz, Göttingen 1976.

Boberach, H., Wahlrechtsfragen im Vormärz. Die Wahlrechtsanschauung im Rheinland 1815-1849 u. die Entstehung des Dreiklassenwahlrechts, Düsseldorf 1959.

Brederlow, J., »Lichtfreunde« u. »Freie Gemeinden«. Religiöser Protest u. Freiheitsbewegung im Vormärz und in der Revolution von 1848/49, München 1976.

Bullik, M., Staat u. Gesellschaft im hessischen Vormärz. Wahlrecht, Wahlen u. öffentliche Meinung in Kurhessen 1830-1848, Köln 1972.

Conze, W., Vom »Pöbel« zum »Proletariat«. Sozialgeschichtliche Voraussetzungen für den Sozialismus in Deutschland (1954), in: H.-U. Wehler Hg., Moderne deutsche Sozialgeschichte, Königstein 1981[6], 111-36.

v. d. Dunk, H., Der Deutsche Vormärz u. Belgien 1830/48, Wiesbaden 1966.

Eichholtz, D., Junker u. Bourgeoisie vor 1848 in der preußischen Eisenbahngeschichte, Berlin 1962.

Graf, F. W., Die Politisierung des religiösen Bewußtseins. Die bürgerlichen Religionsparteien im deutschen Vormärz: Das Beispiel des Deutschkatholizismus, Stuttgart 1978.

Häusler, W., Von der Massenarmut zur Arbeiterbewegung. Demokratie u. soziale Frage in der Wiener Revolution von 1848, Wien 1979.

v. Hippel, W., F. L. K. v. Blittersdorf 1792-1861. Ein Beitrag zur badischen Landtags- und Bundespolitik im Vormärz, Stuttgart 1967.

Jantke, C. u. Hilger, D. Hg., Die Eigentumslosen. Der deutsche Pauperismus u. die Emanzipationskrise, Freiburg 1965.

Keinemann, F., Das Kölner Ereignis. Sein Widerhall in der Rheinprovinz u. in Westfalen, 2 Bde., Münster 1974.

Kocka, J., Preußischer Staat u. Modernisierung im Vormärz. Marxistisch-leninistische Interpretationen und ihre Probleme, in: B. Vogel Hg., Preußische Reformen 1807-1820, Königstein 1980, 49-65.

Marschalck, P., Deutsche Überseewanderung im 19. Jahrhundert, Stuttgart 1973.

Marx, J., Die wirtschaftlichen Ursachen der Revolution von 1848 in Österreich, Graz 1965.

Moltmann, G. Hg., Deutsche Amerikaauswanderung im 19. Jahrhundert, Stuttgart 1976.

Obermann, K., Wirtschafts- u. sozialpolitische Aspekte der Krise von 1845-1847 in Deutschland, insbes. in Preußen, in: Jahrbuch für Geschichte 7. 1972, 141-74.

Pankoke, E., Sociale Bewegung – Sociale Frage – Sociale Politik. Grundfragen der deutschen »Socialwissenschaft« im 19. Jahrhundert, Stuttgart 1970.

Schieder, W. Hg., Liberalismus in der Gesellschaft des deutschen Vormärz, Göttingen 1983.

Schraepler, E. Hg., Quellen zur Geschichte der sozialen Frage in Deutschland, 2 Bde., Göttingen 1960–64².

Sedatis, H., Liberalismus u. Handwerk in Süddeutschland. Wirtschafts- u. Gesellschaftskonzeptionen des Liberalismus u. die Krise des Handwerks im 19. Jahrhundert, Stuttgart 1979.

Spree, R., Die Wachstumszyklen der deutschen Wirtschaft 1840-1880, Berlin 1977.

Veit-Brause, I., Die deutsch-französische Krise von 1840, Diss. Köln 1967.

Volkmann, H., Kategorien des sozialen Protestes im Vormärz, in: Geschichte und Gesellschaft 3. 1977, 164-89.

Wawrykowa, M., Revolutionäre Demokraten in Deutschland u. Polen 1815-1848, Braunschweig 1974.

Neue Historische Bibliothek
in der edition suhrkamp

»Hans-Ulrich Wehlers fast aus dem Nichts entstandene ›Neue Historische Bibliothek‹ ist (...) nicht nur ein forschungsinternes, sondern auch ein kulturelles Ereignis.« Frankfurter Allgemeine Zeitung

Neue Historische Bibliothek
in der edition suhrkamp

314/2/8.88